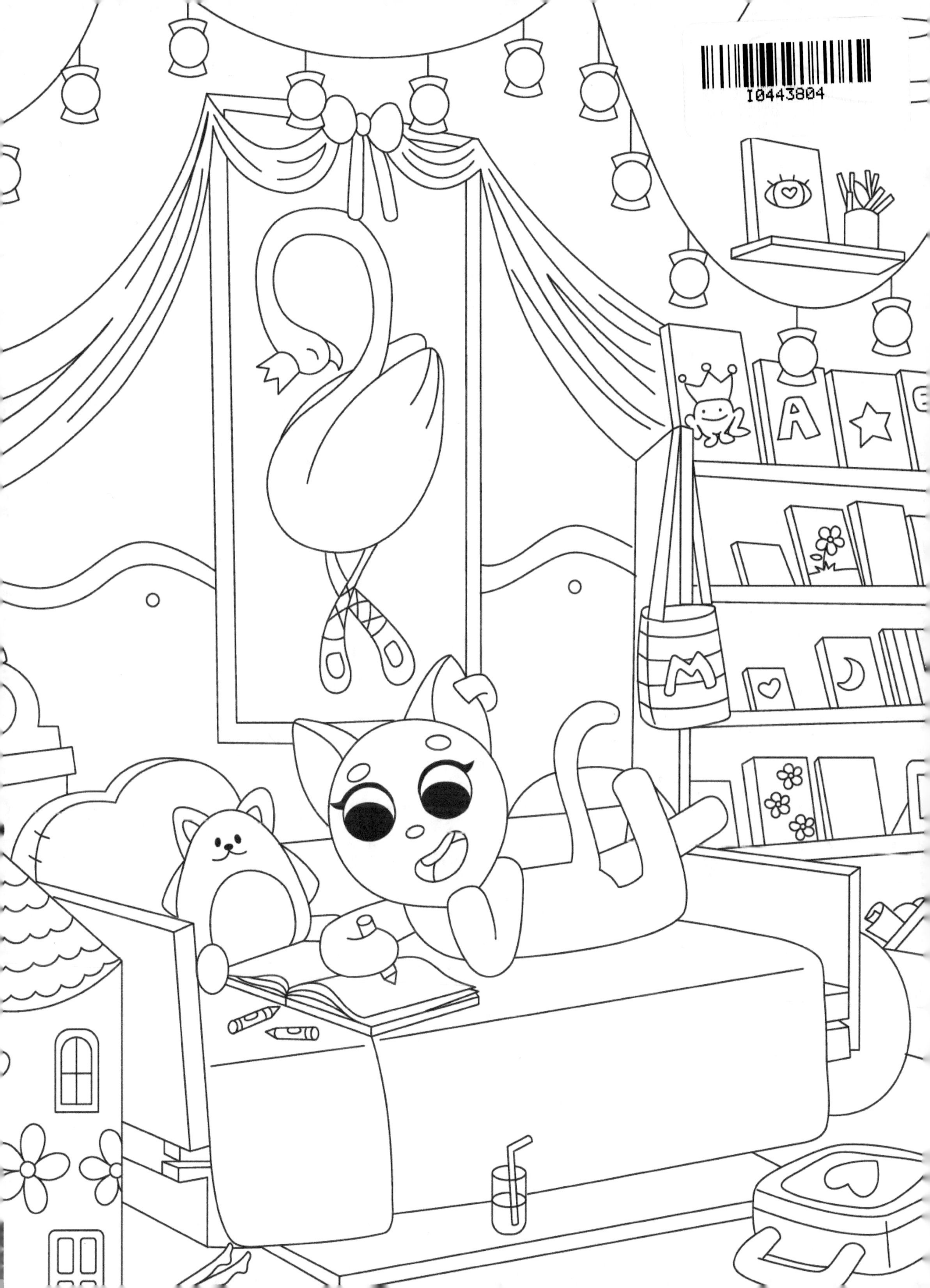
A
M

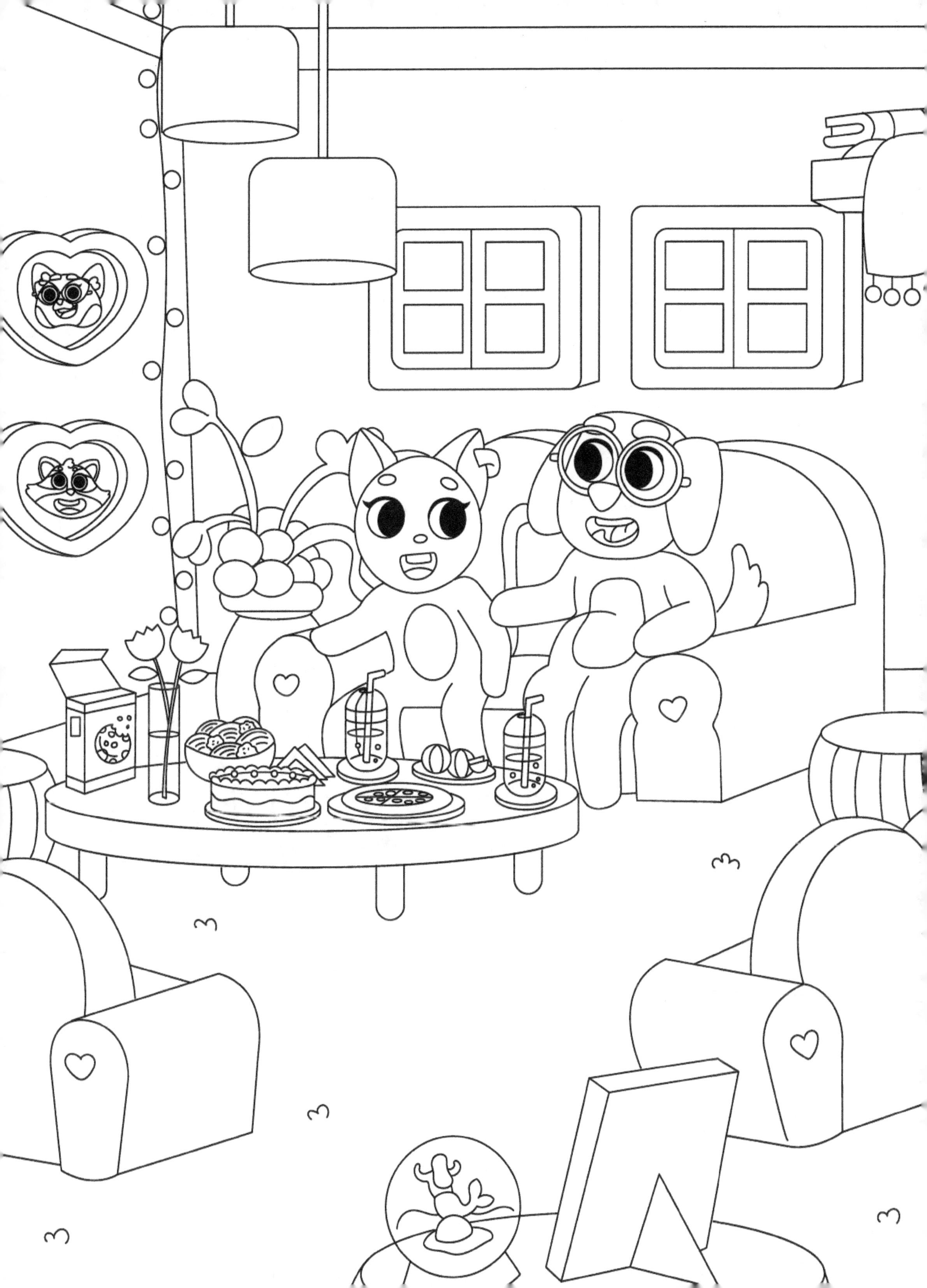

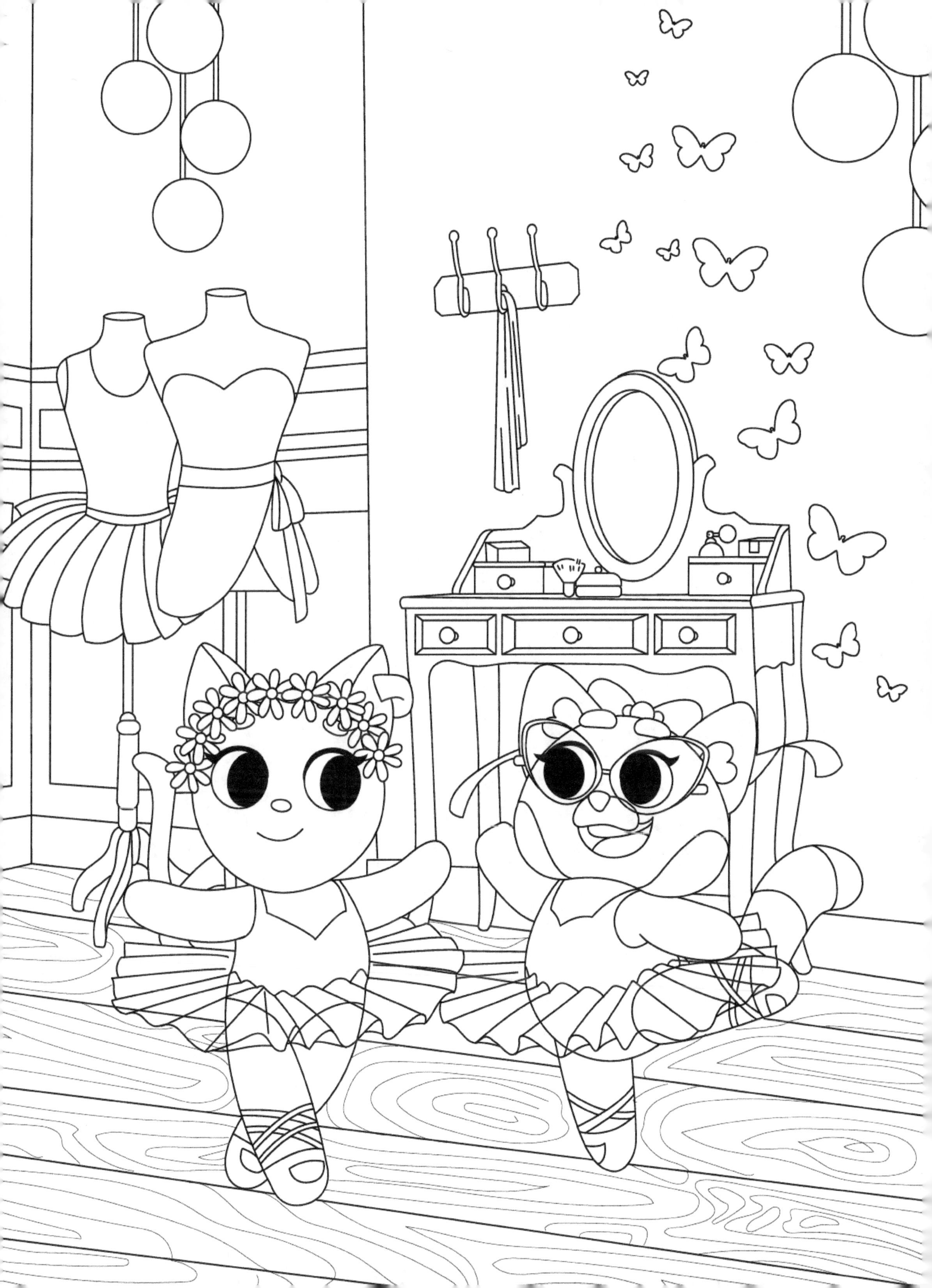

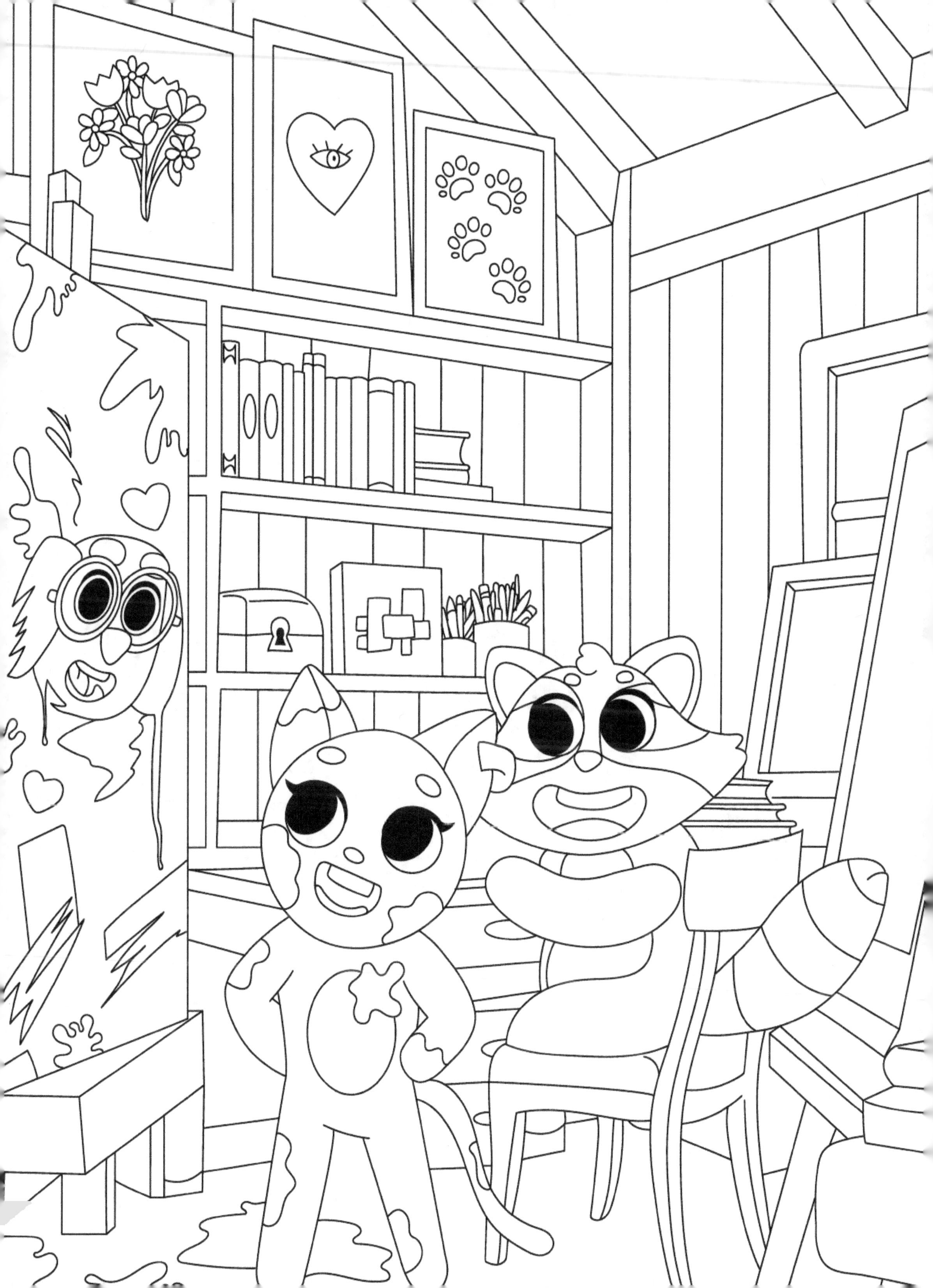

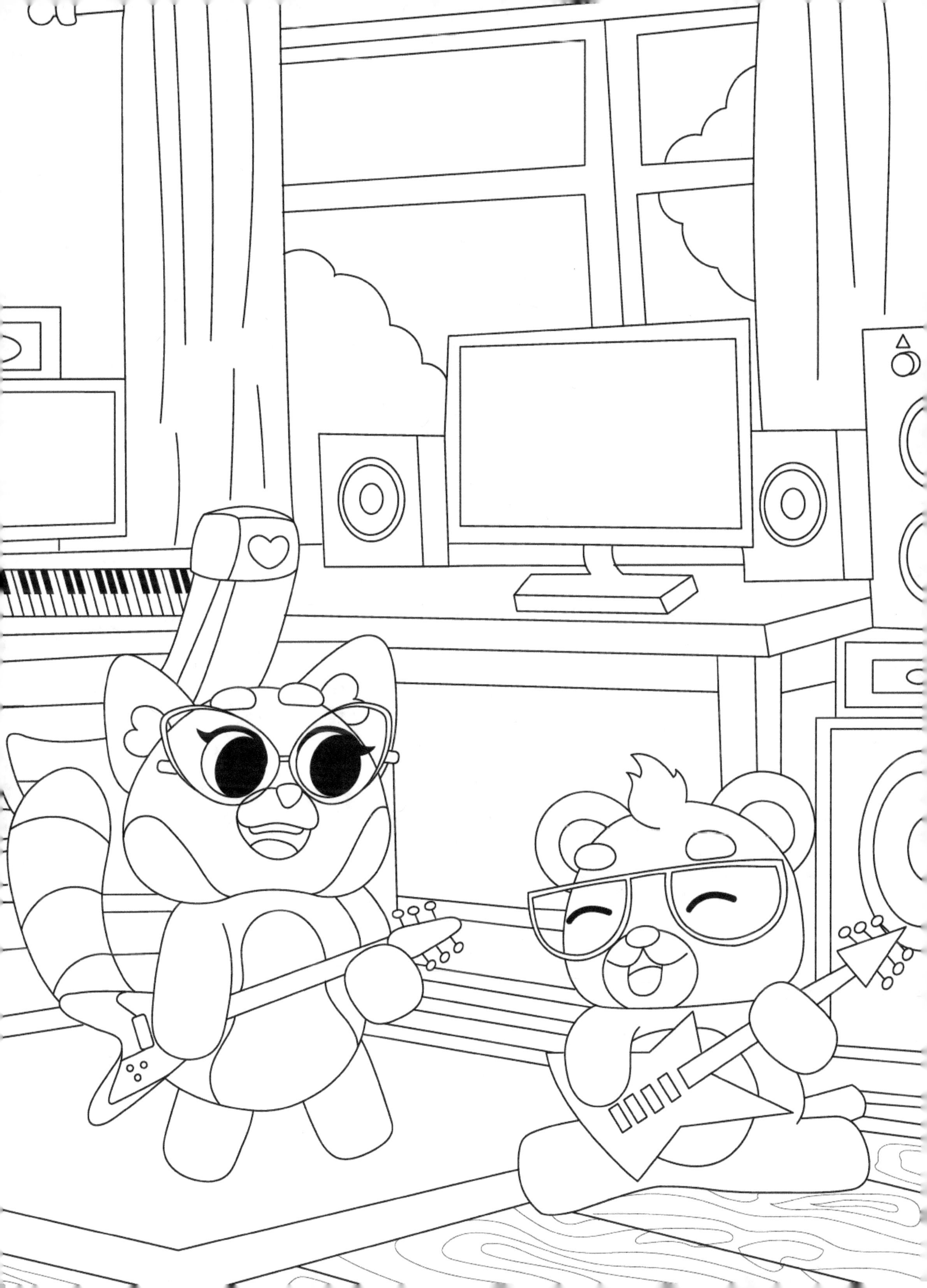

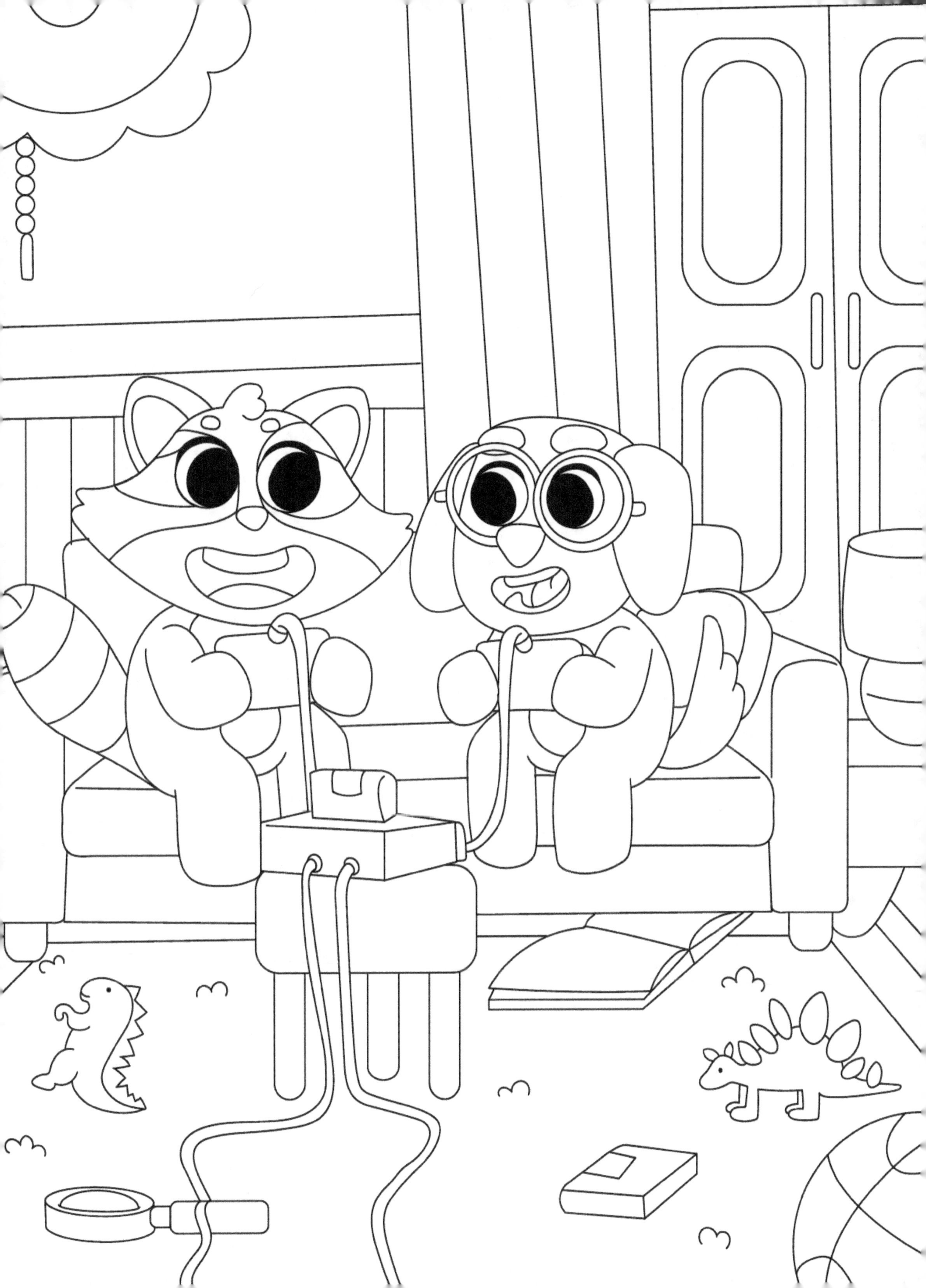

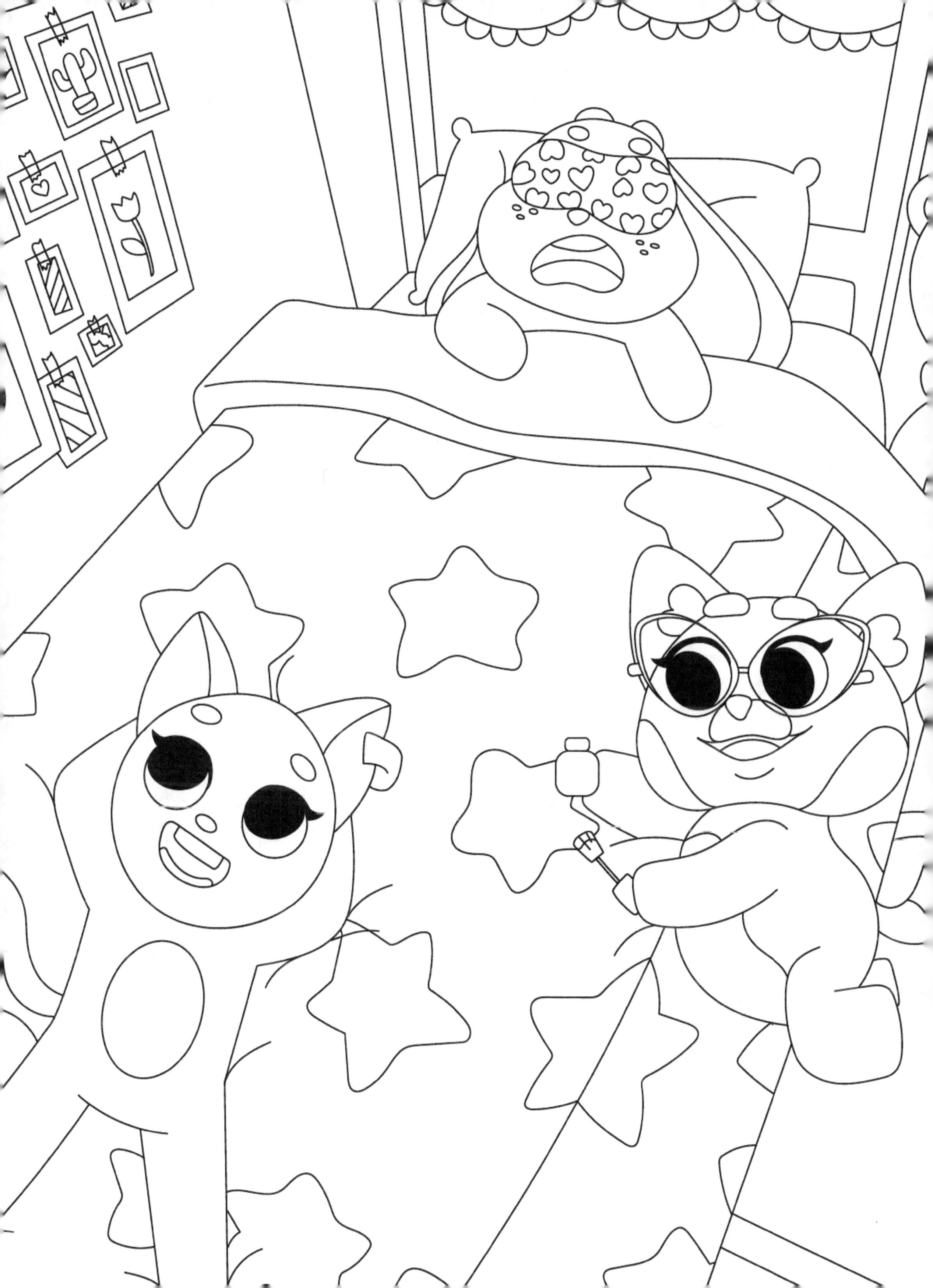

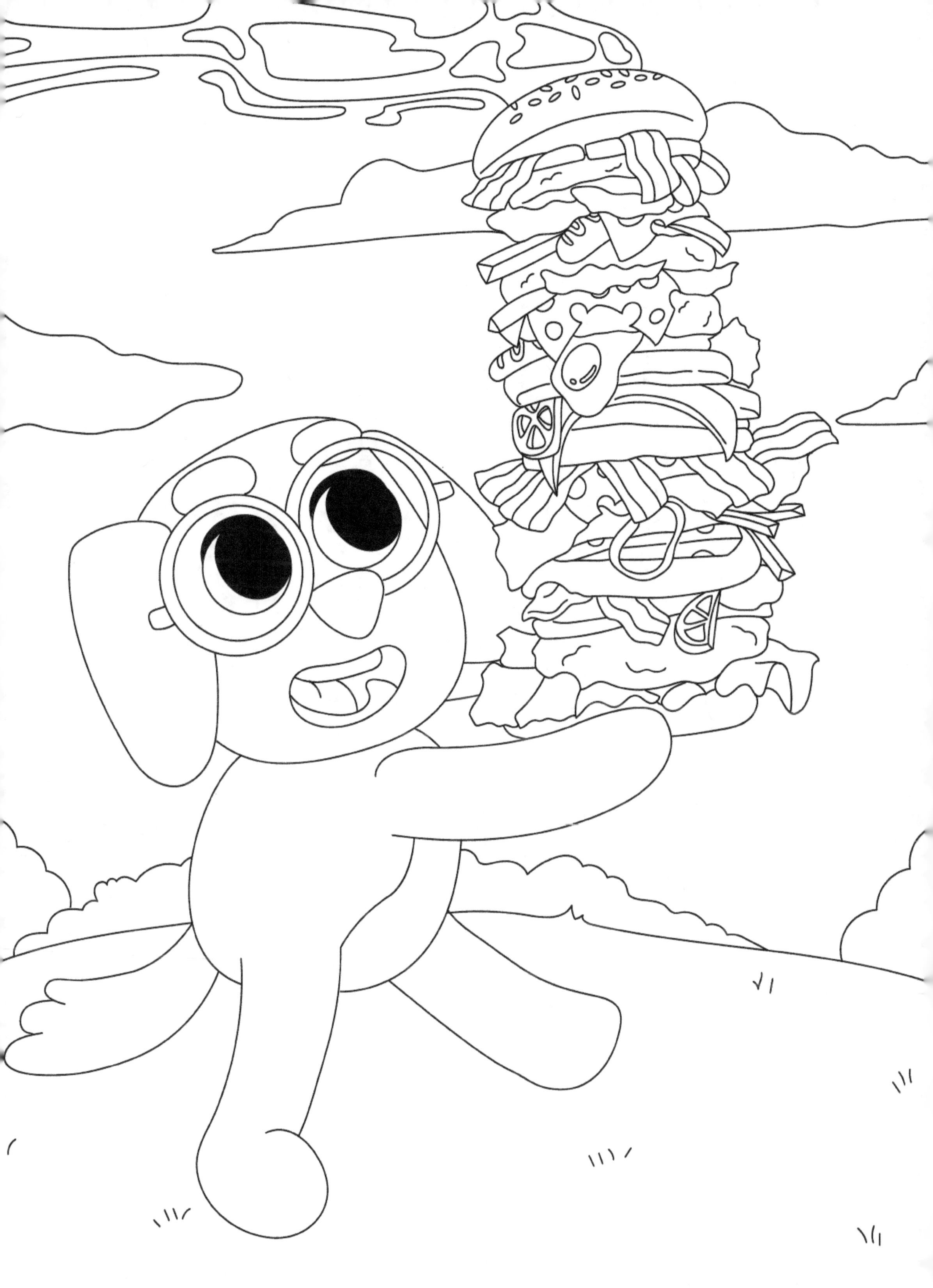

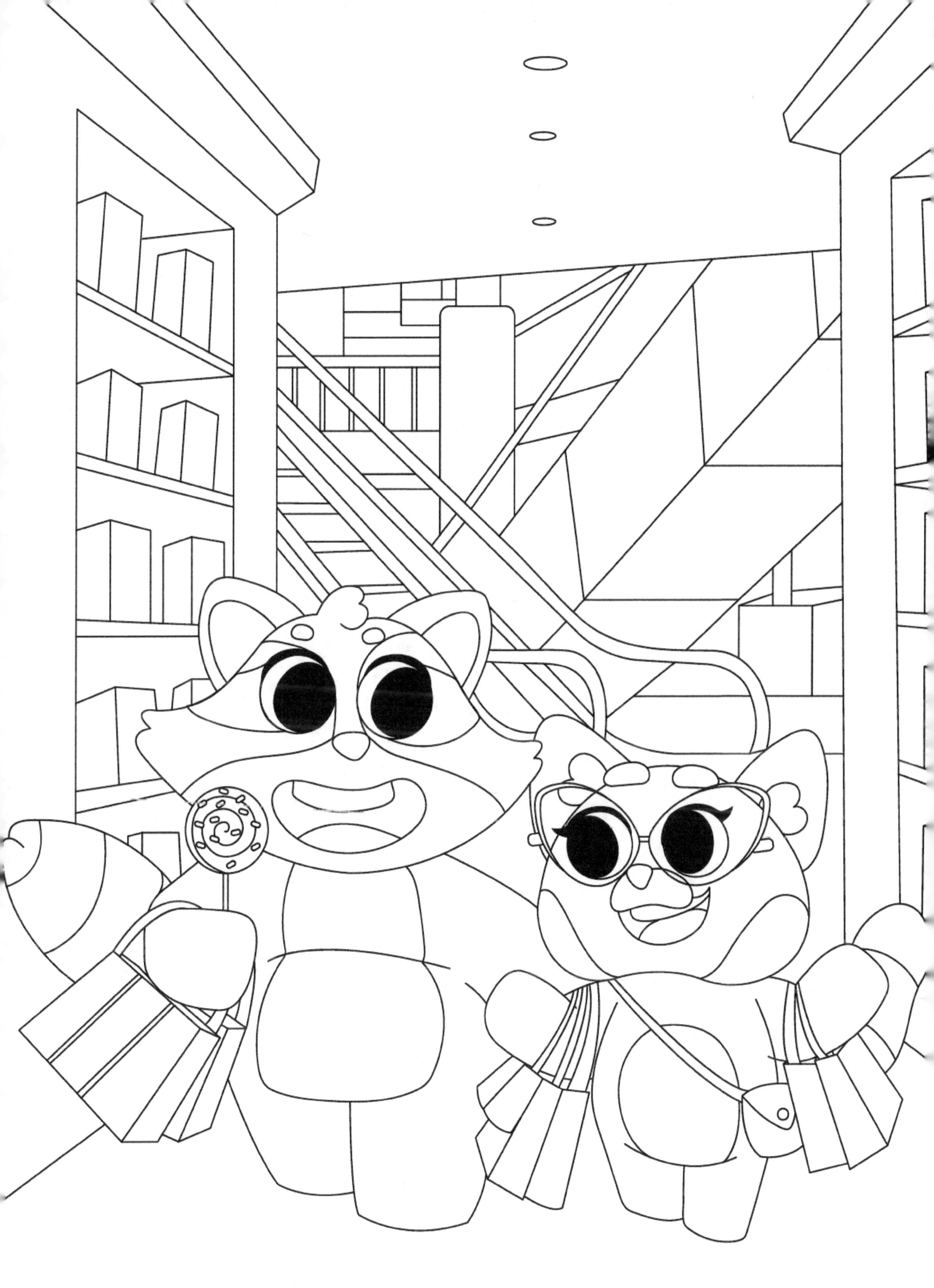

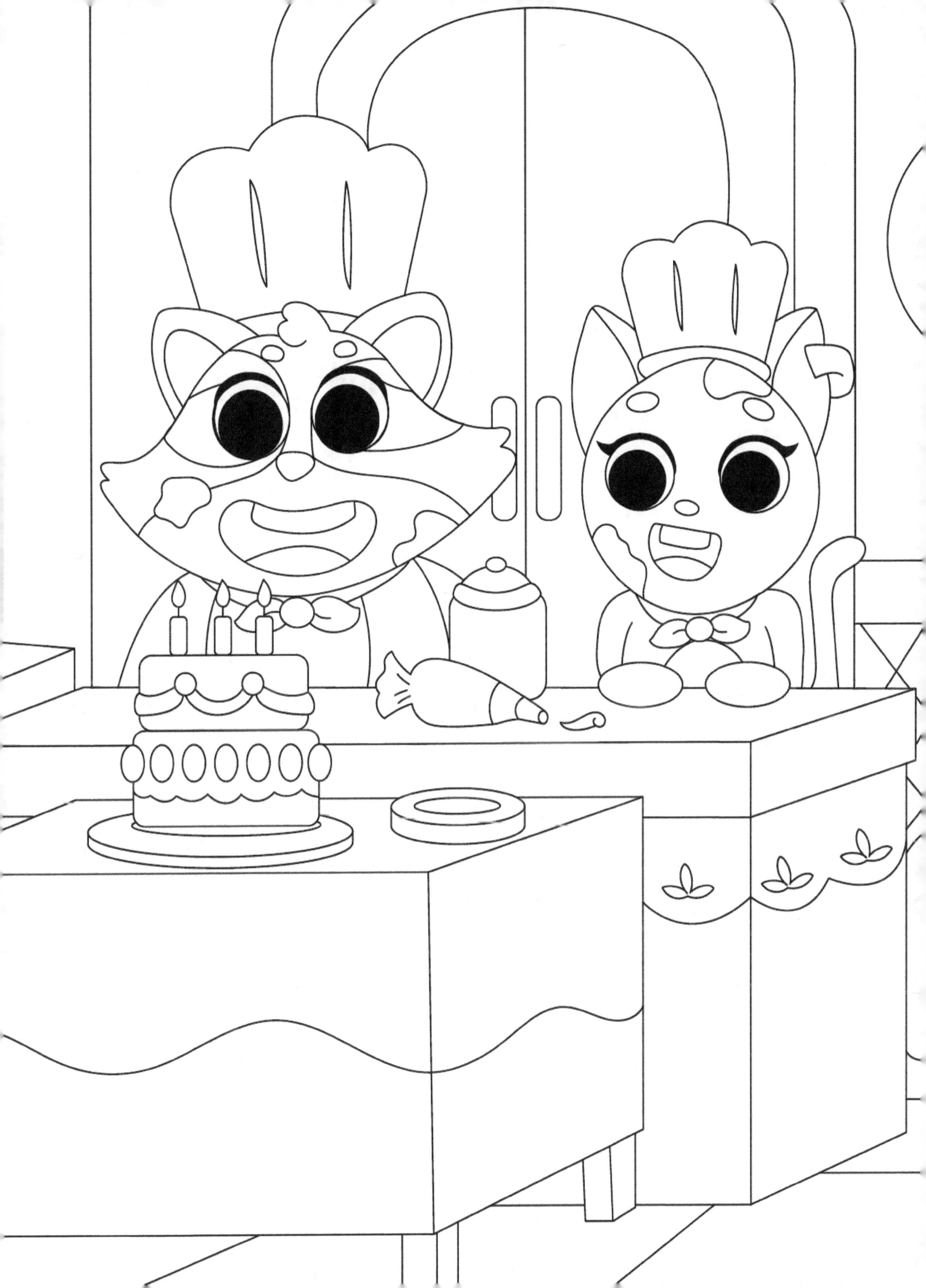

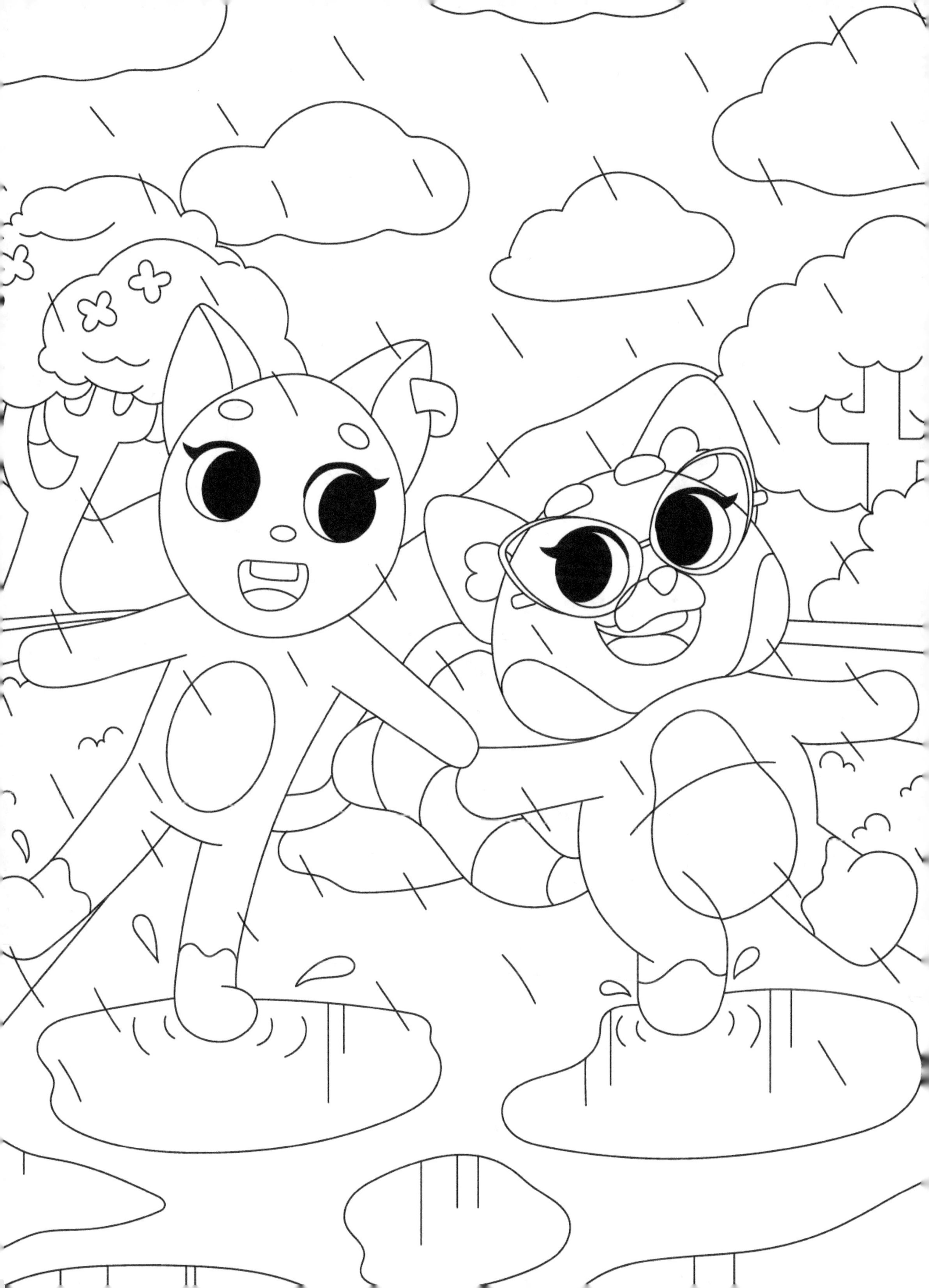

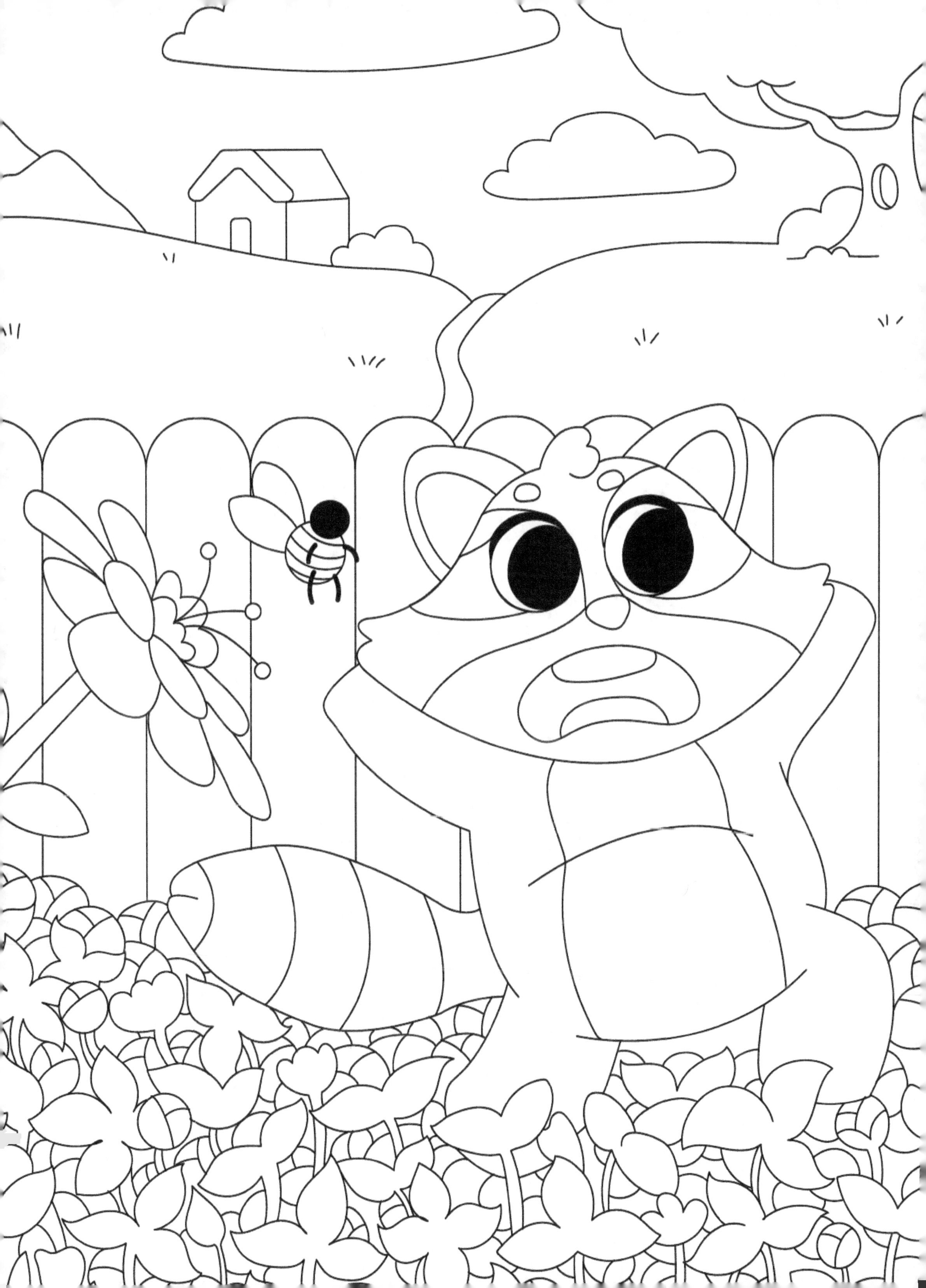

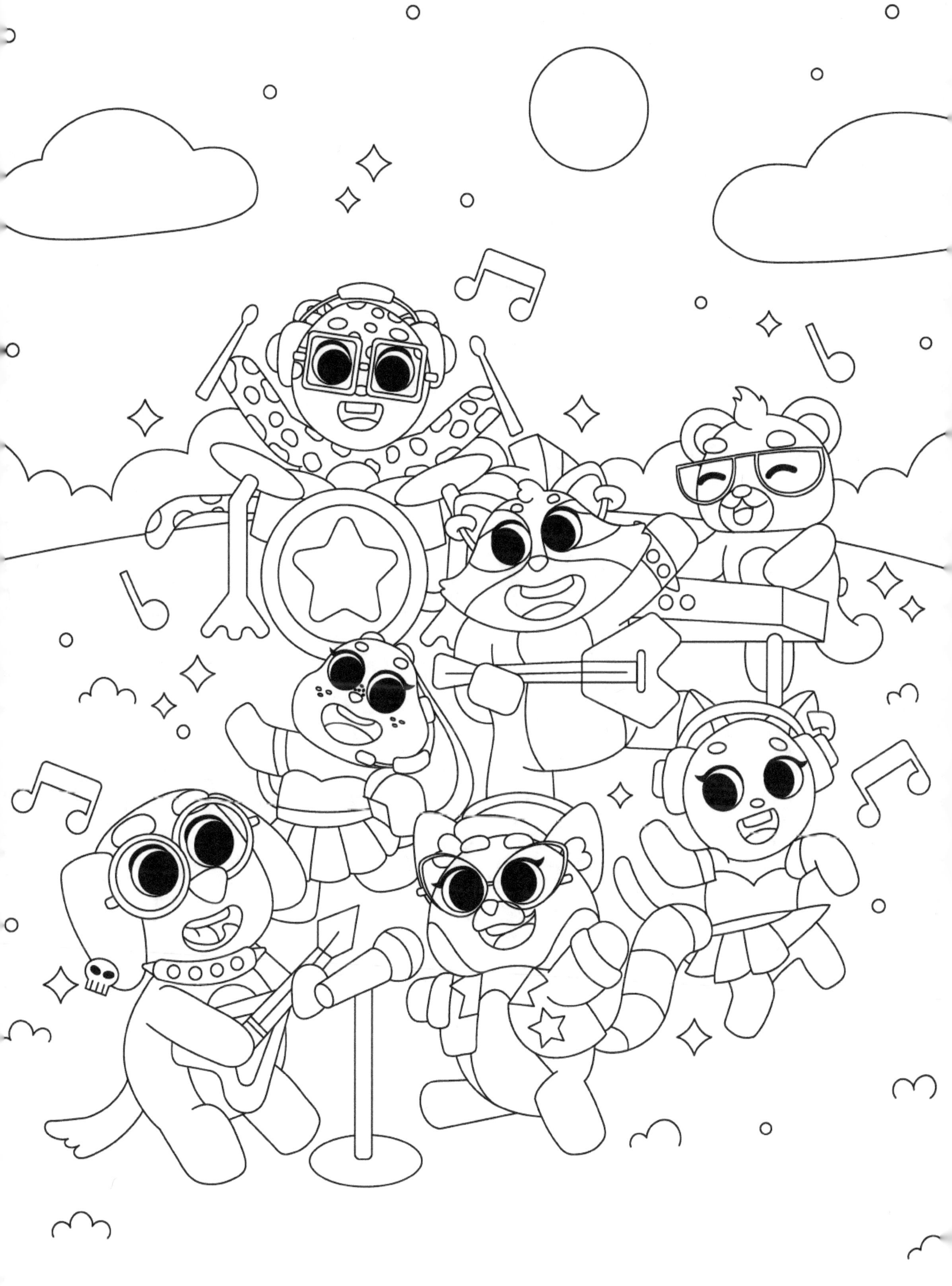

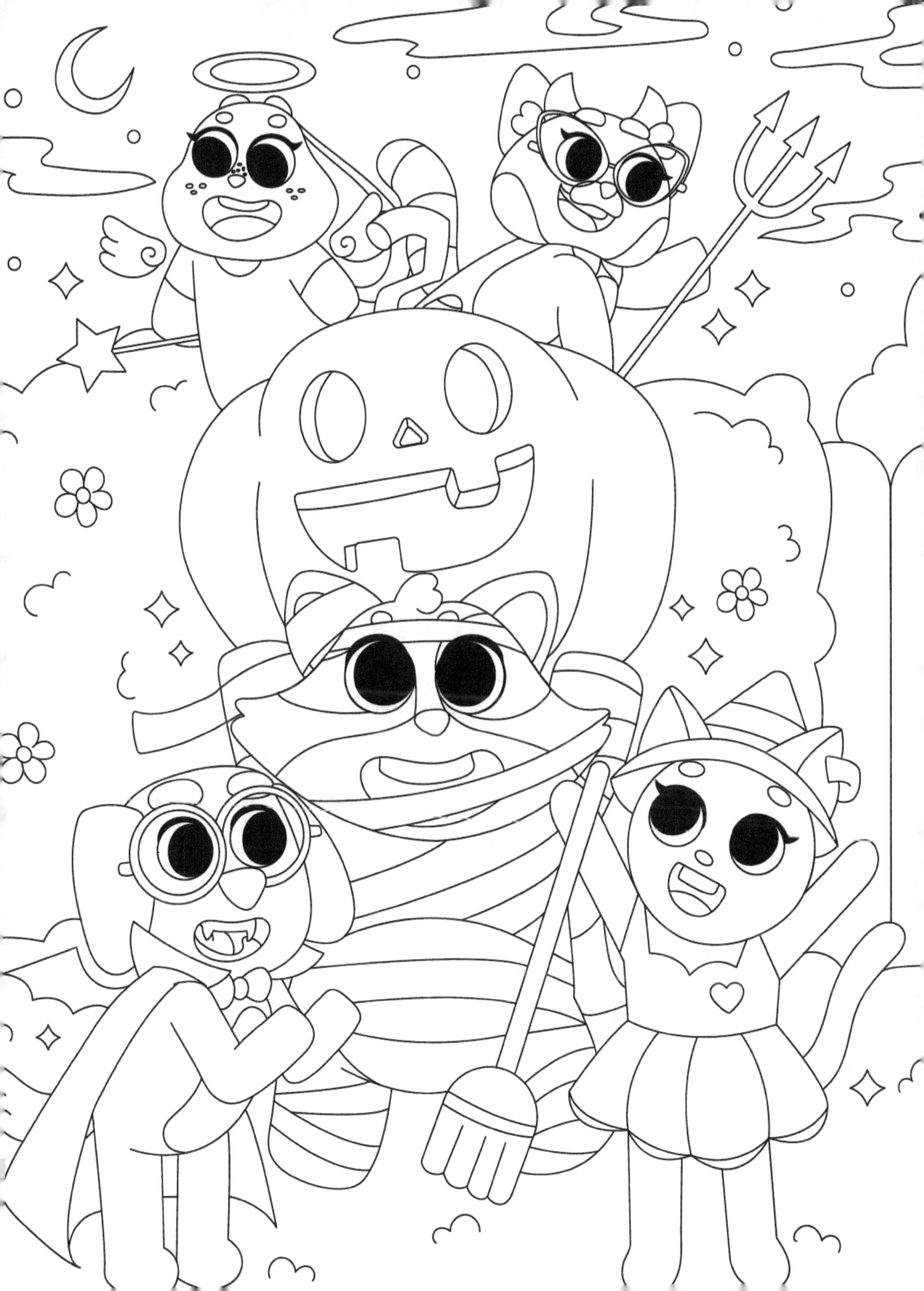

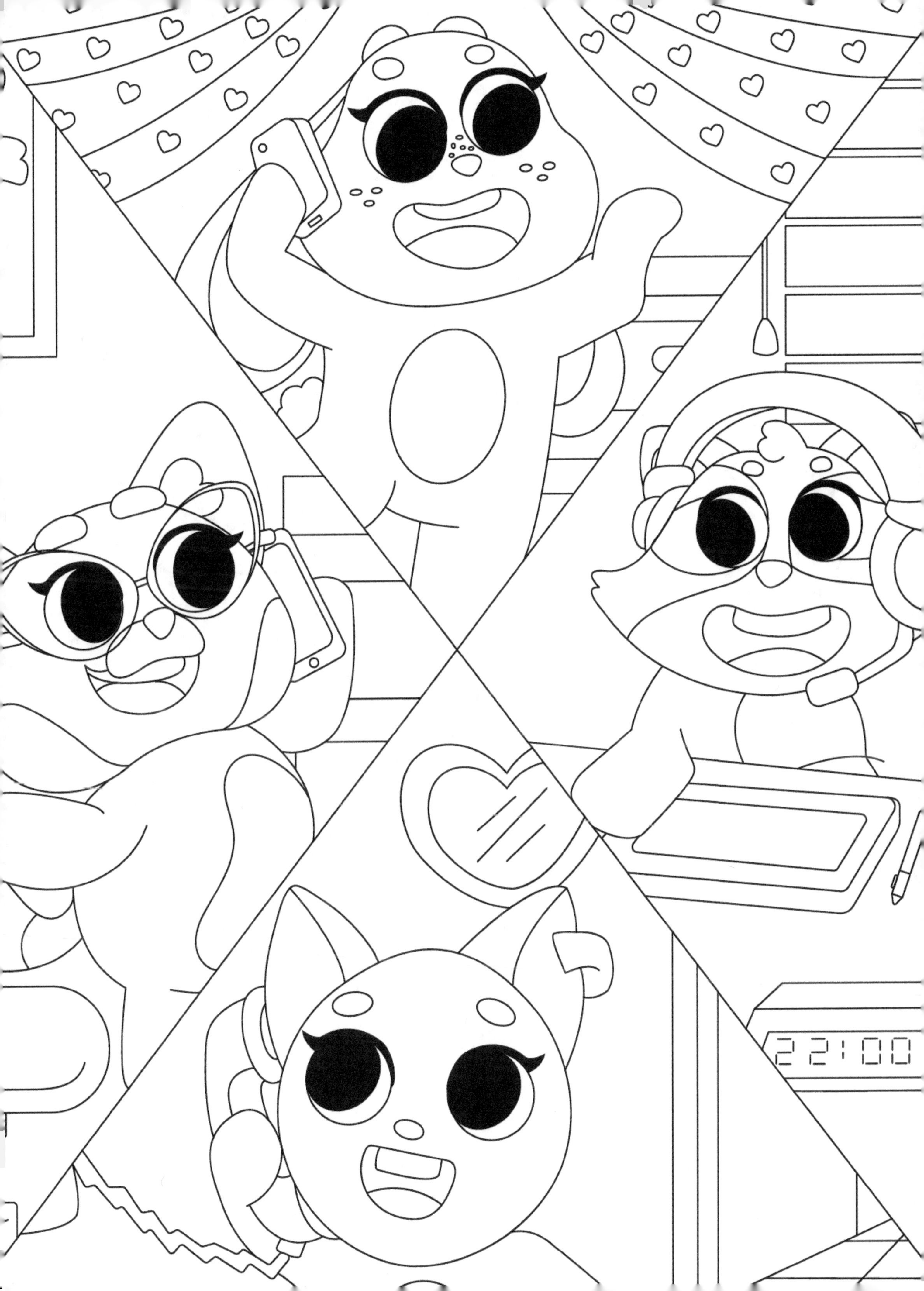
22:00

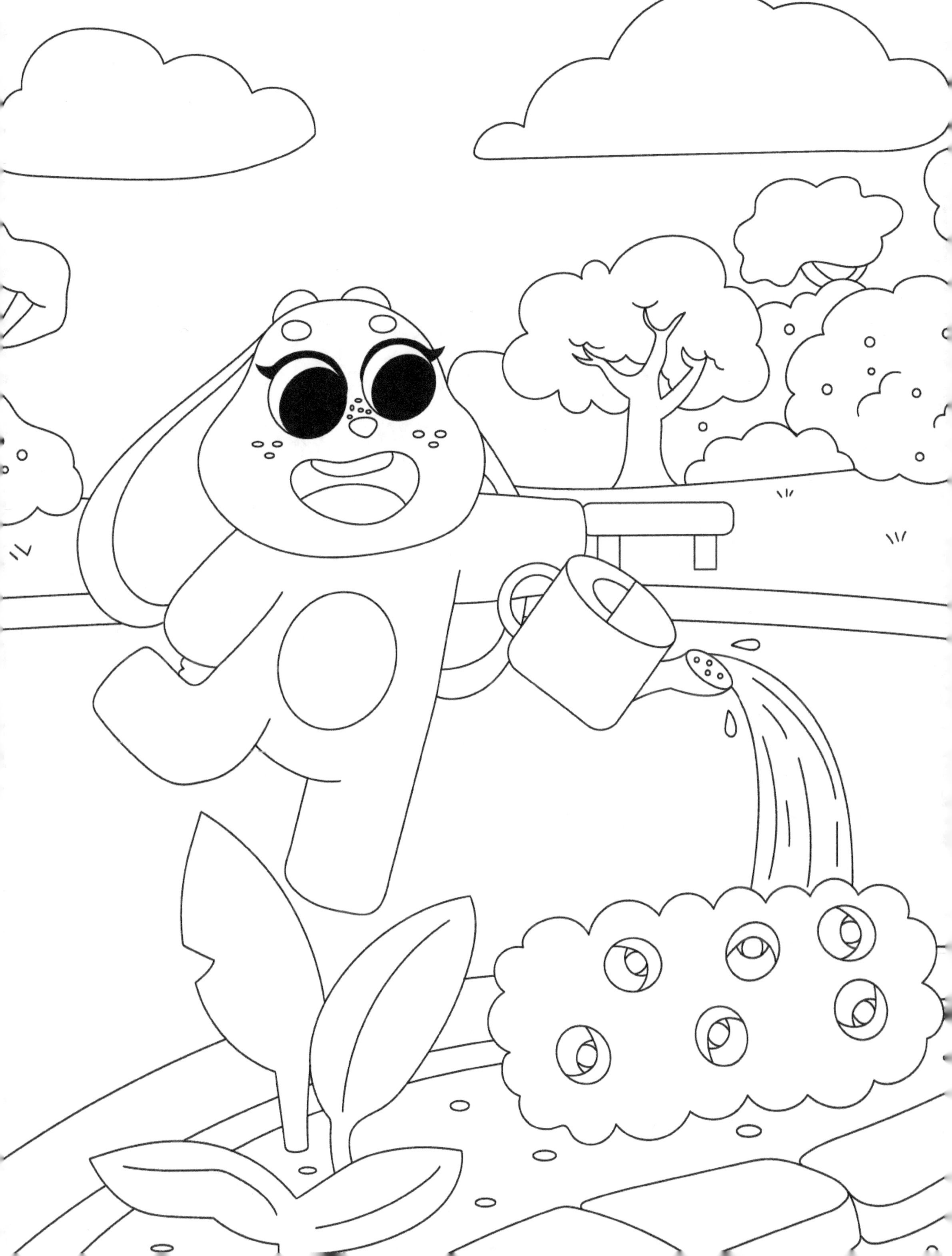

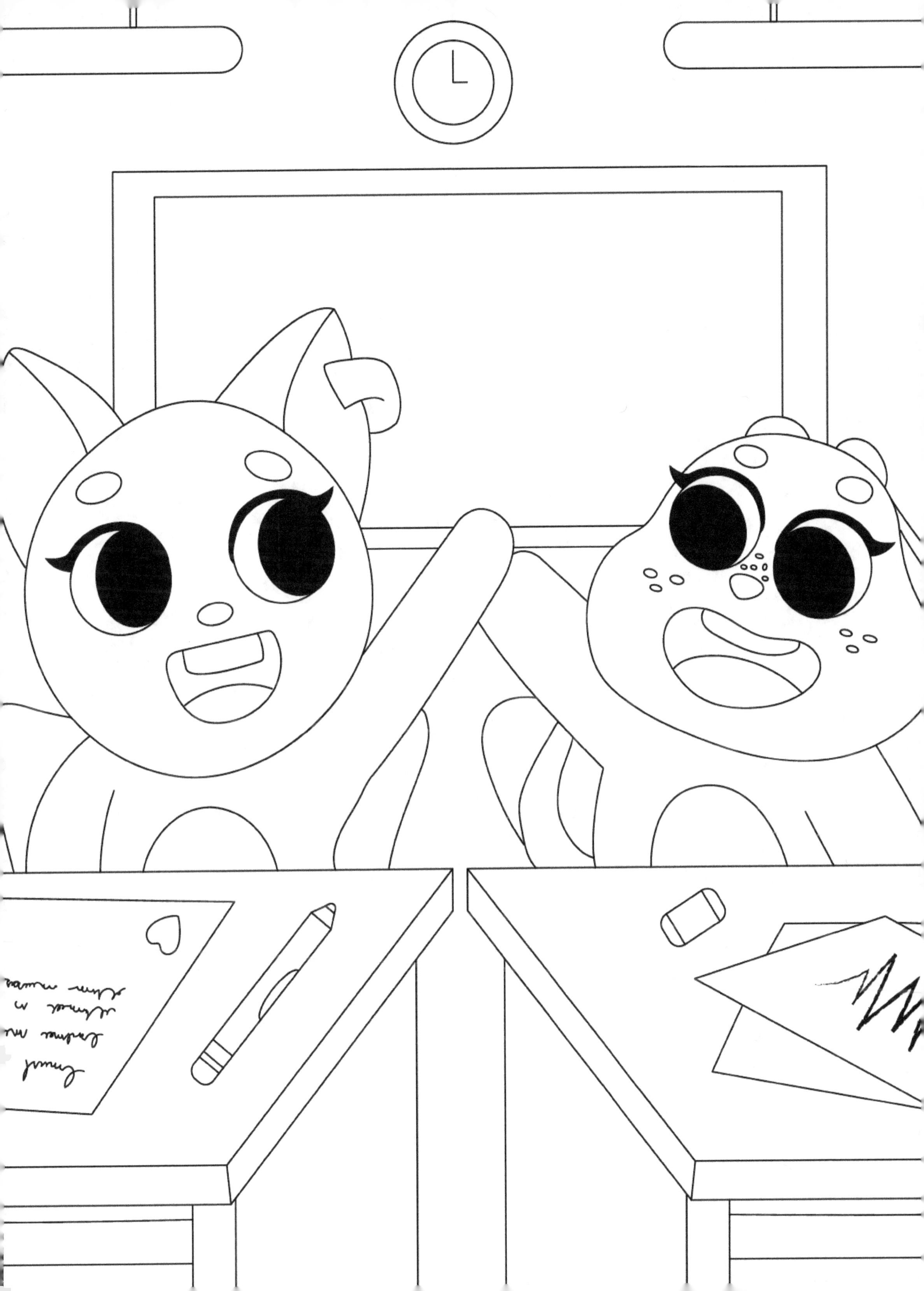

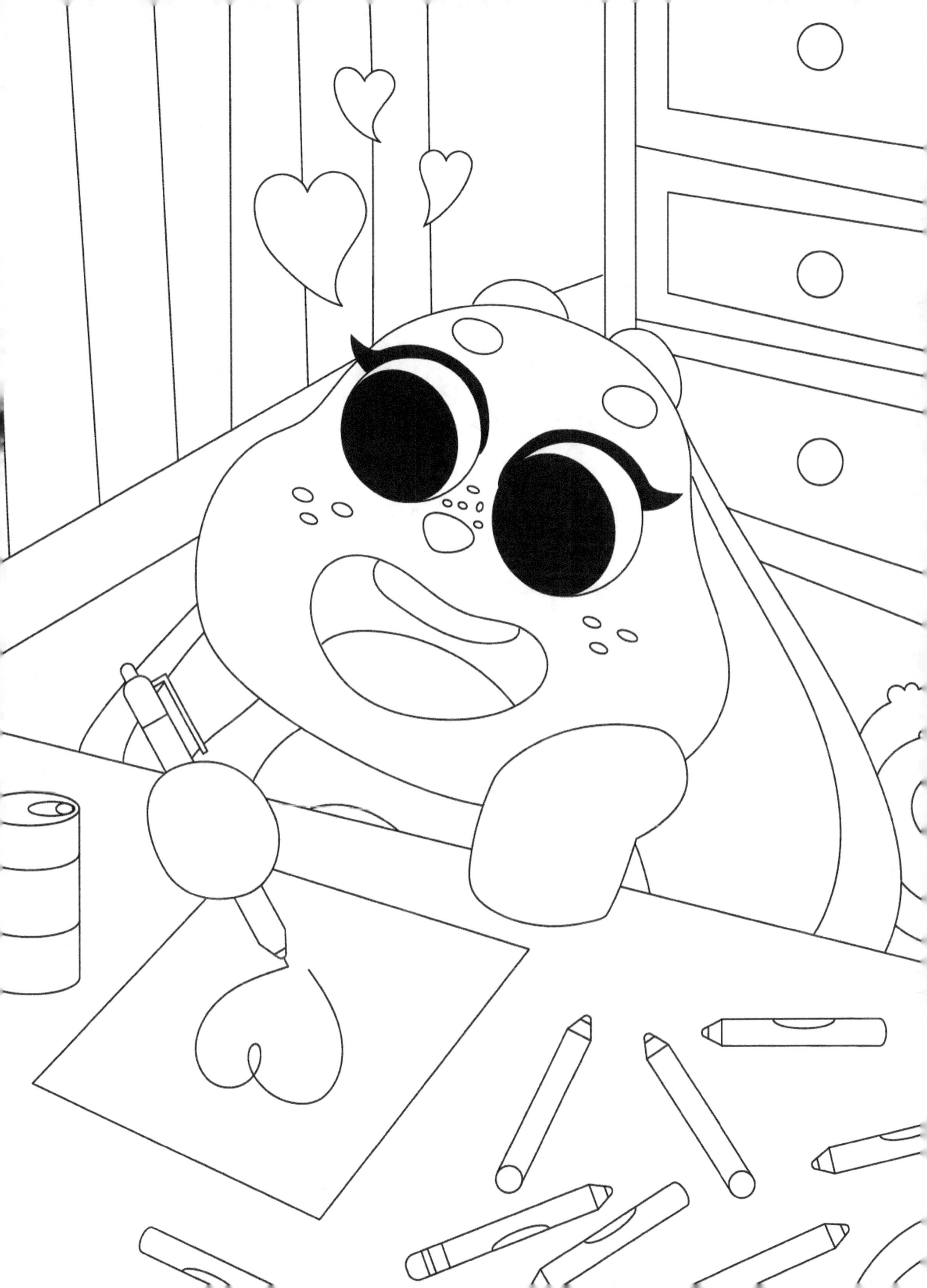

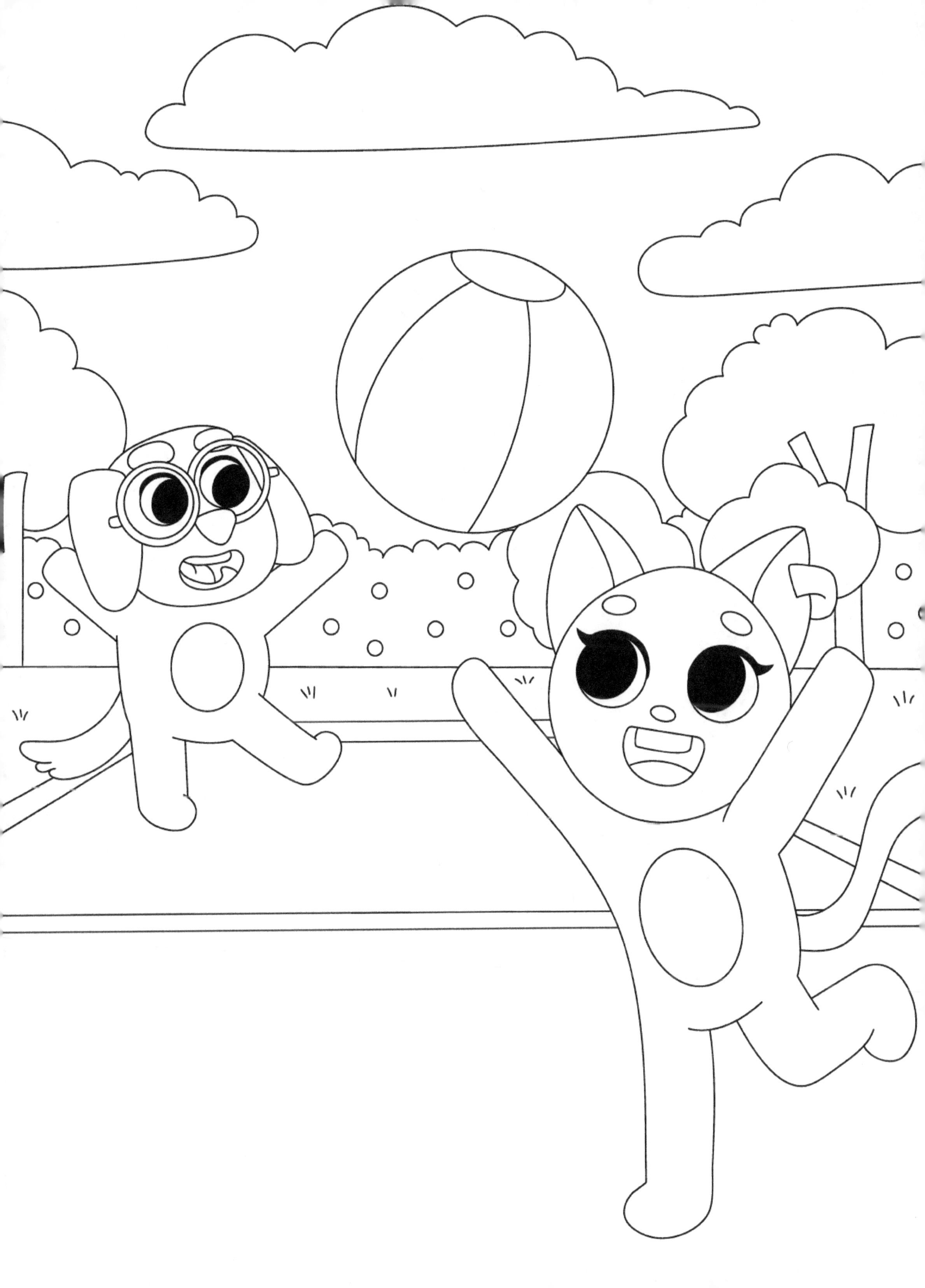

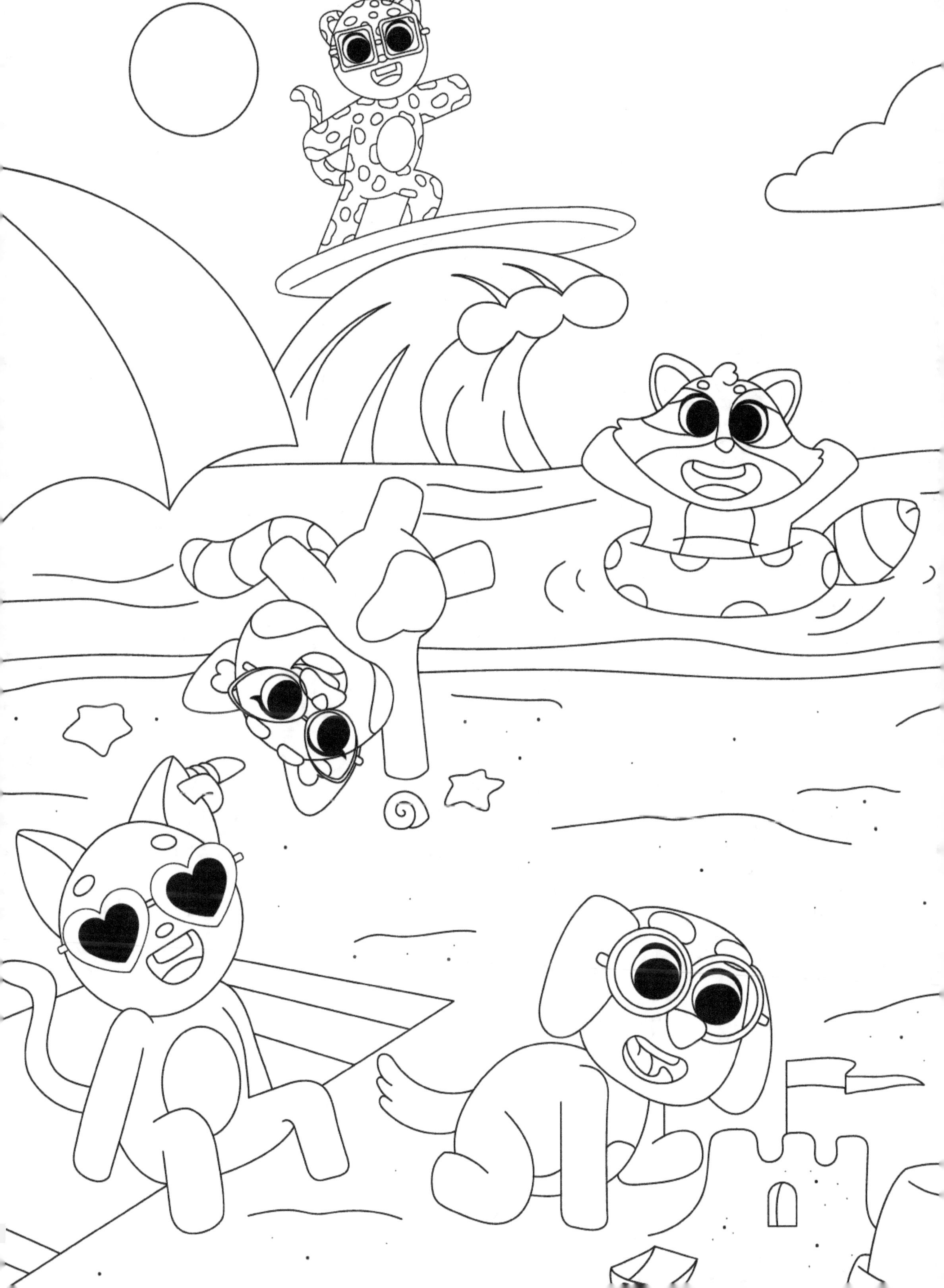

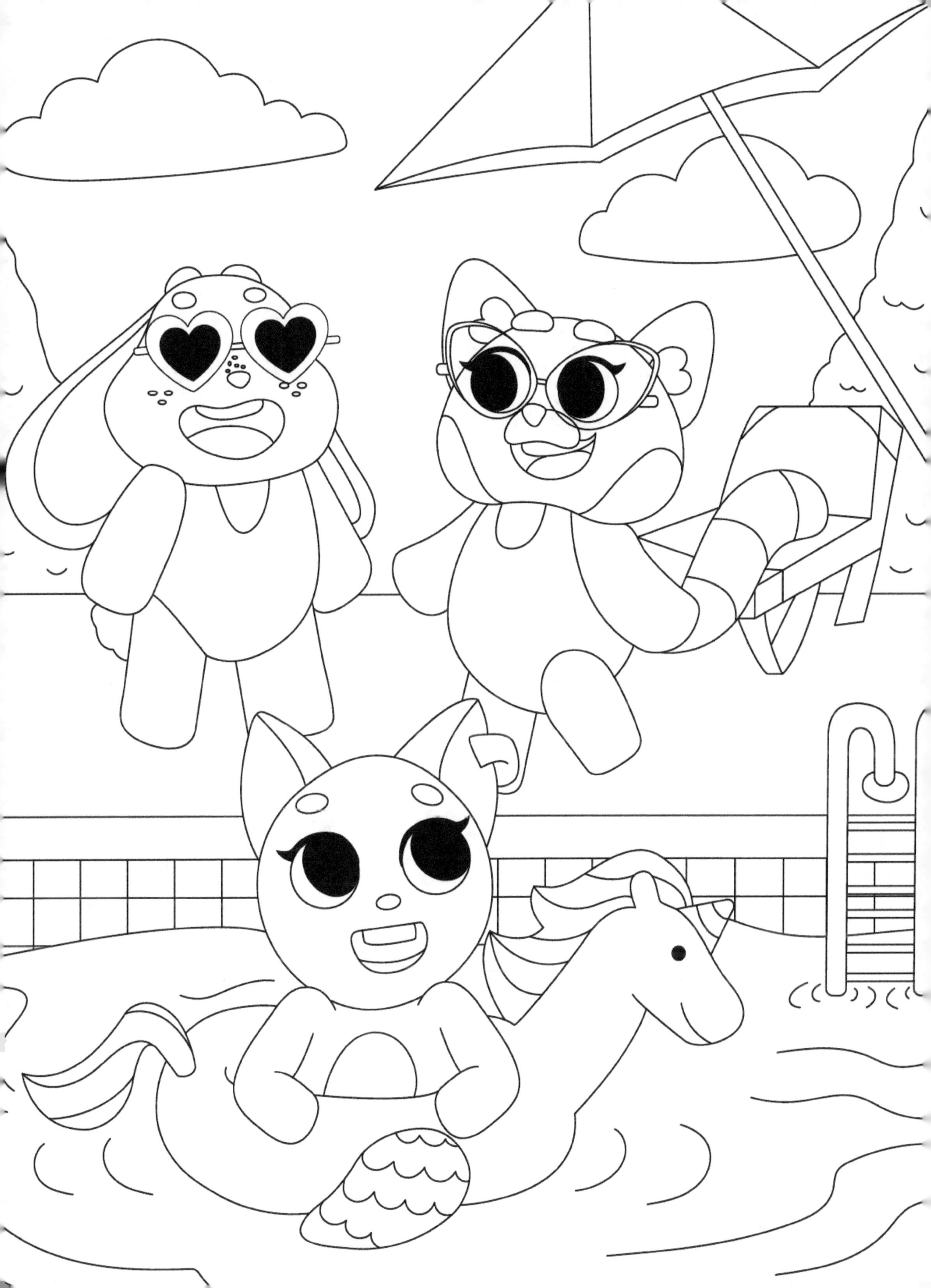

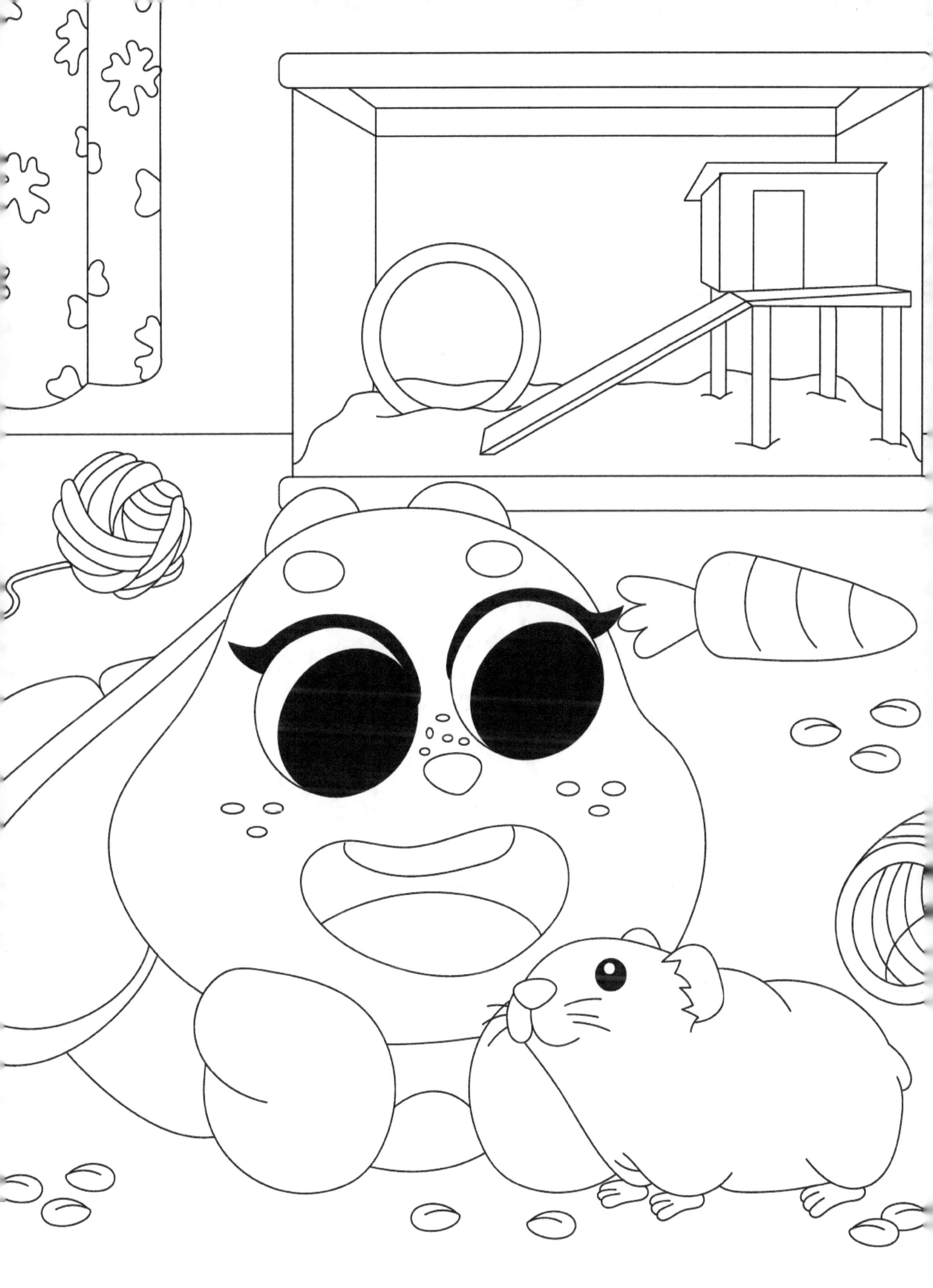

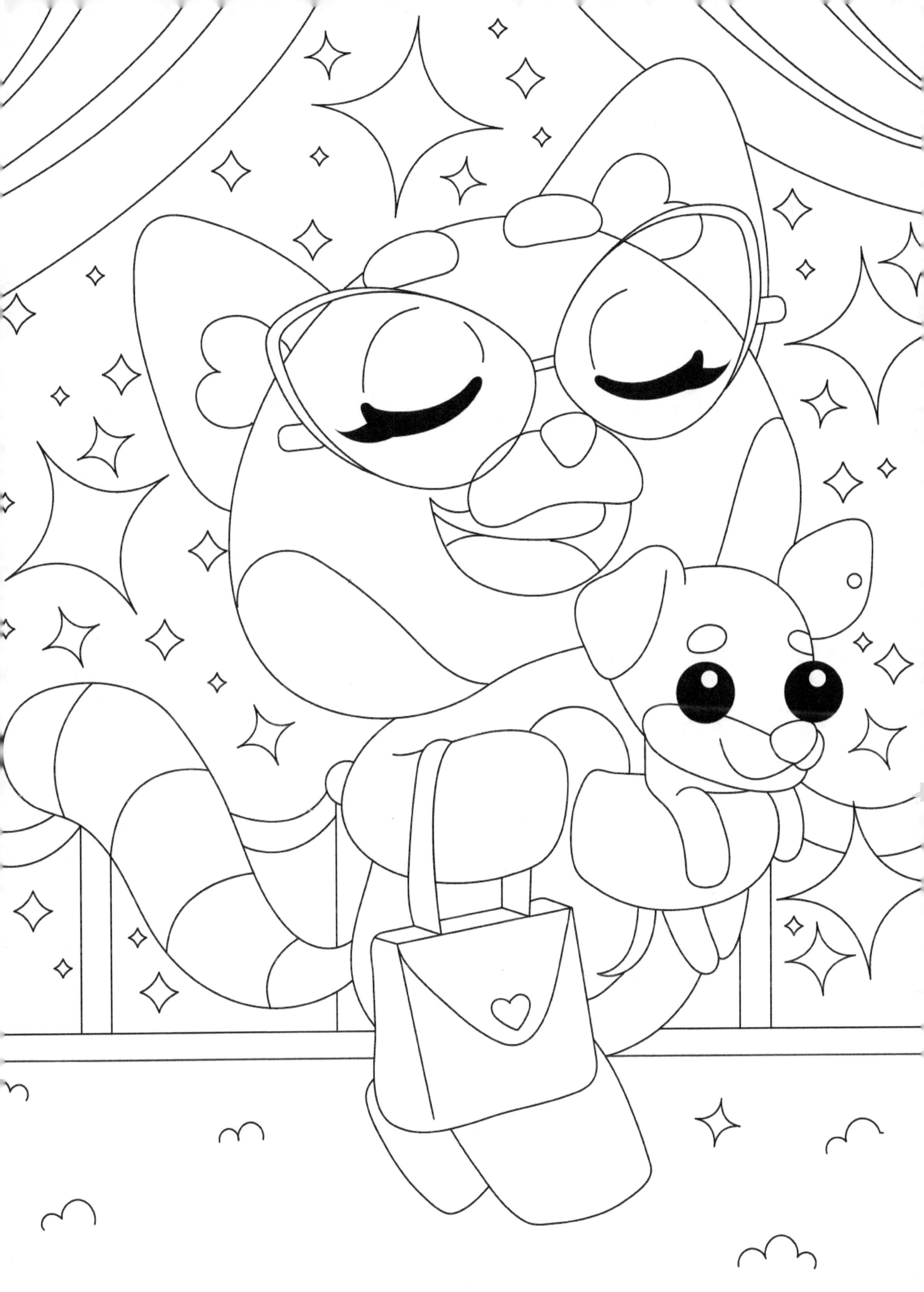

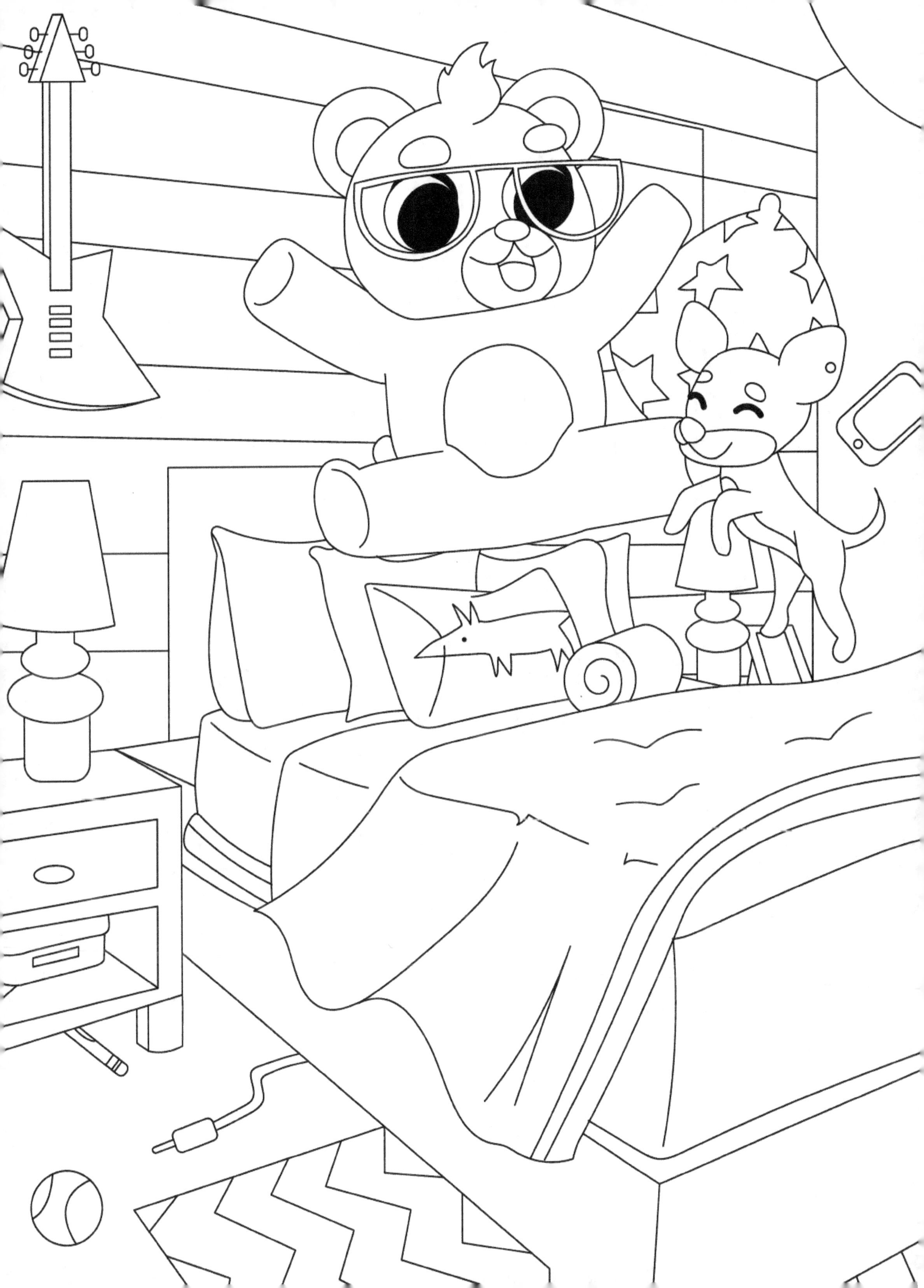

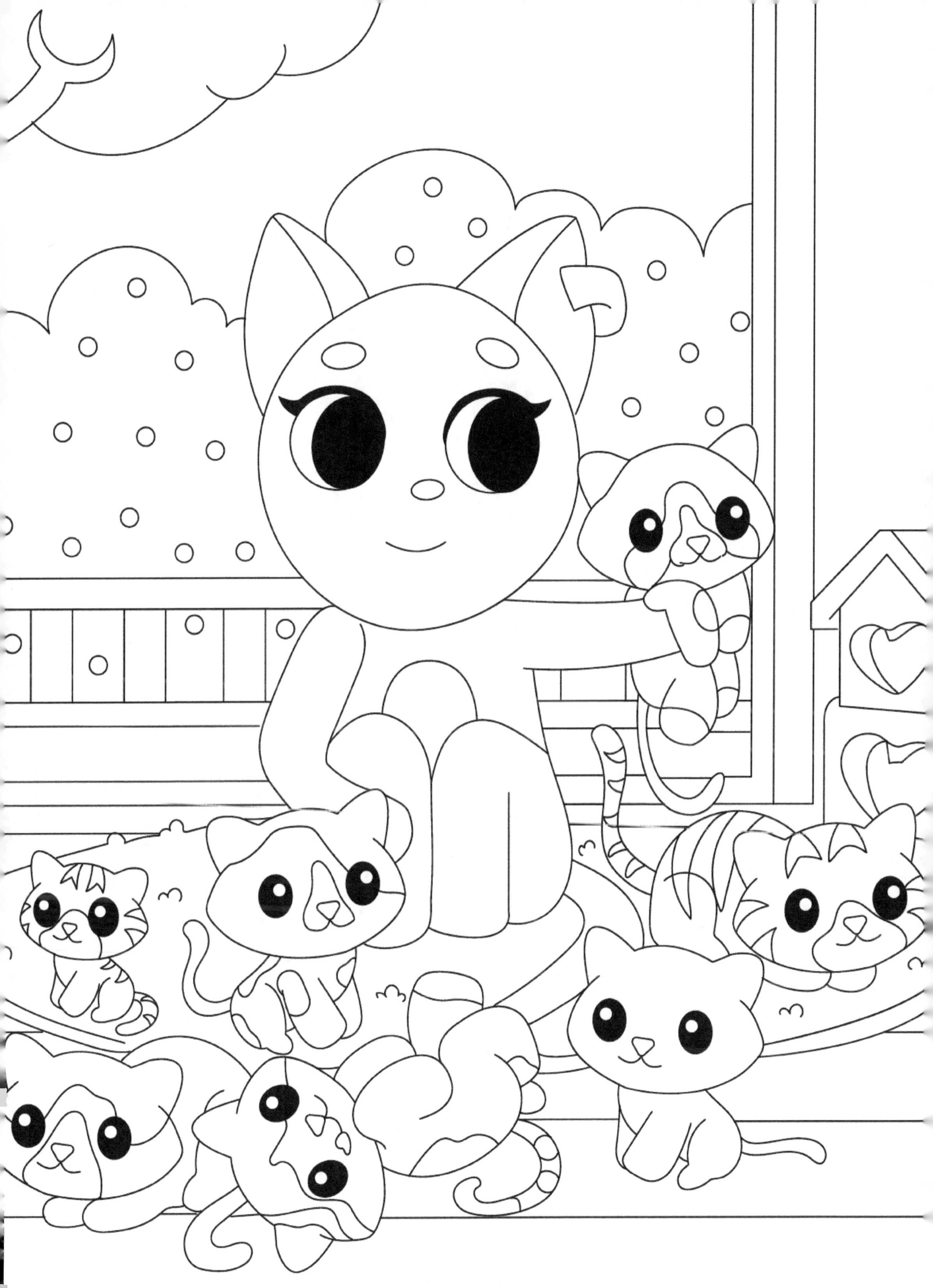

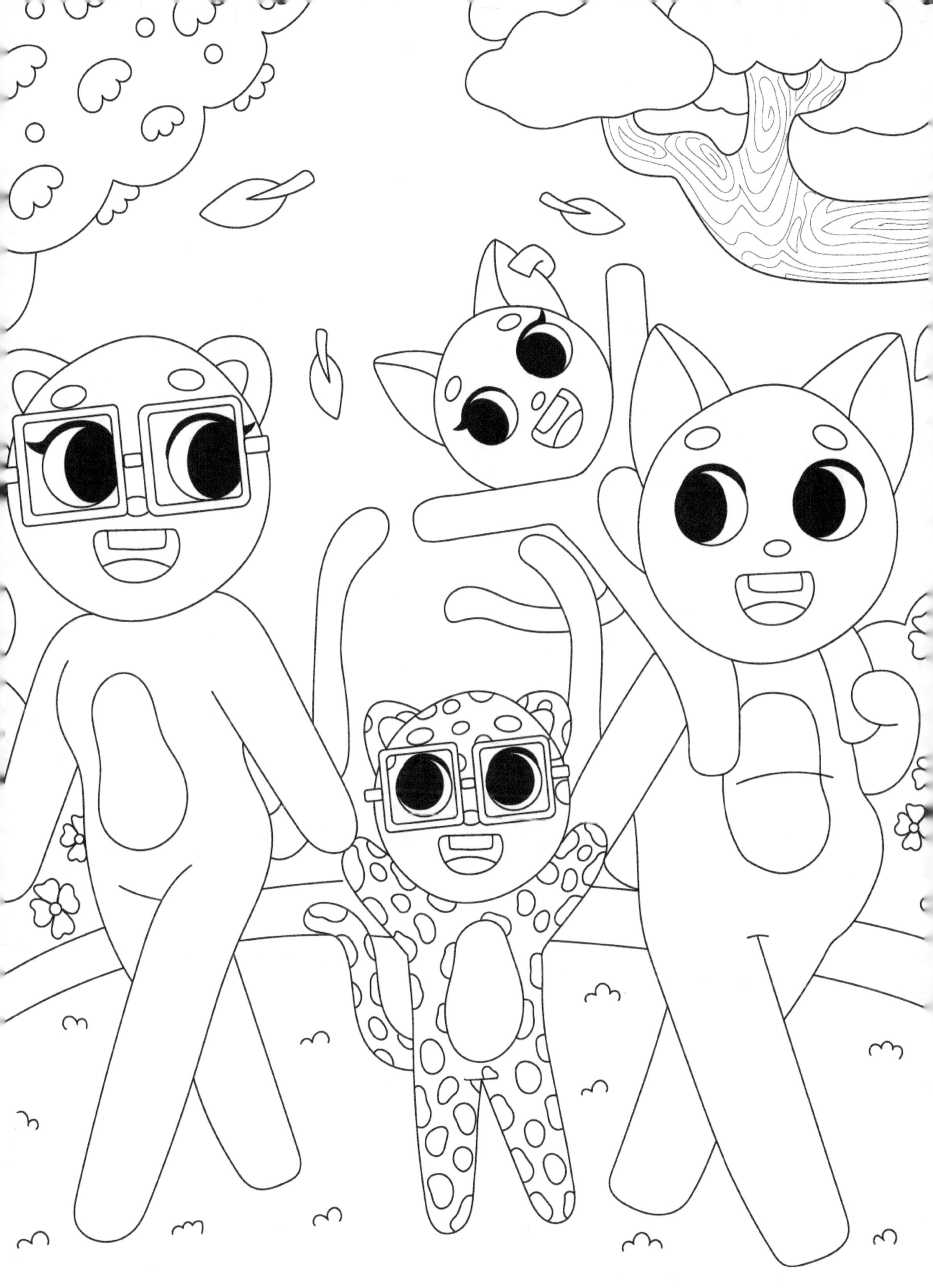

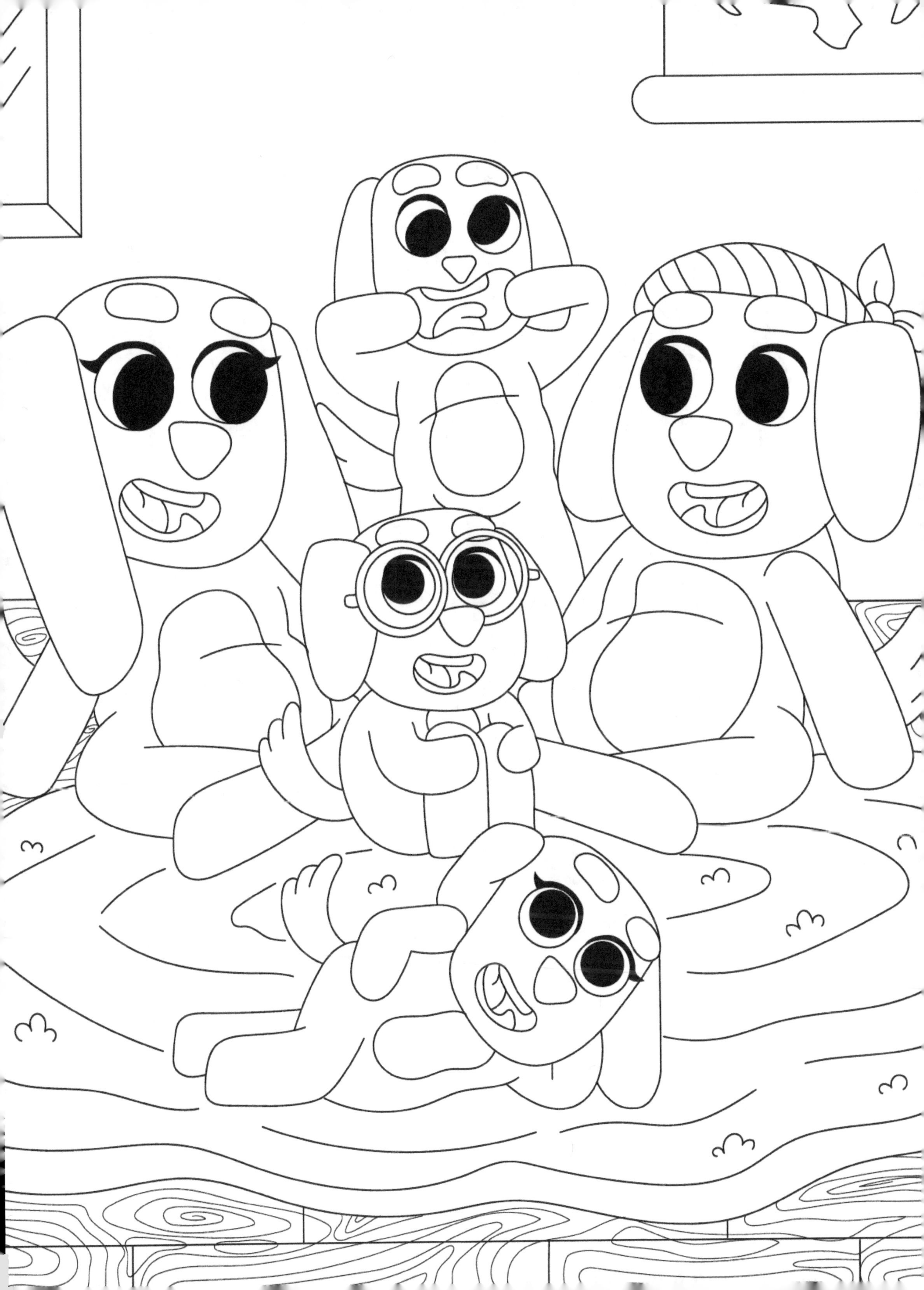

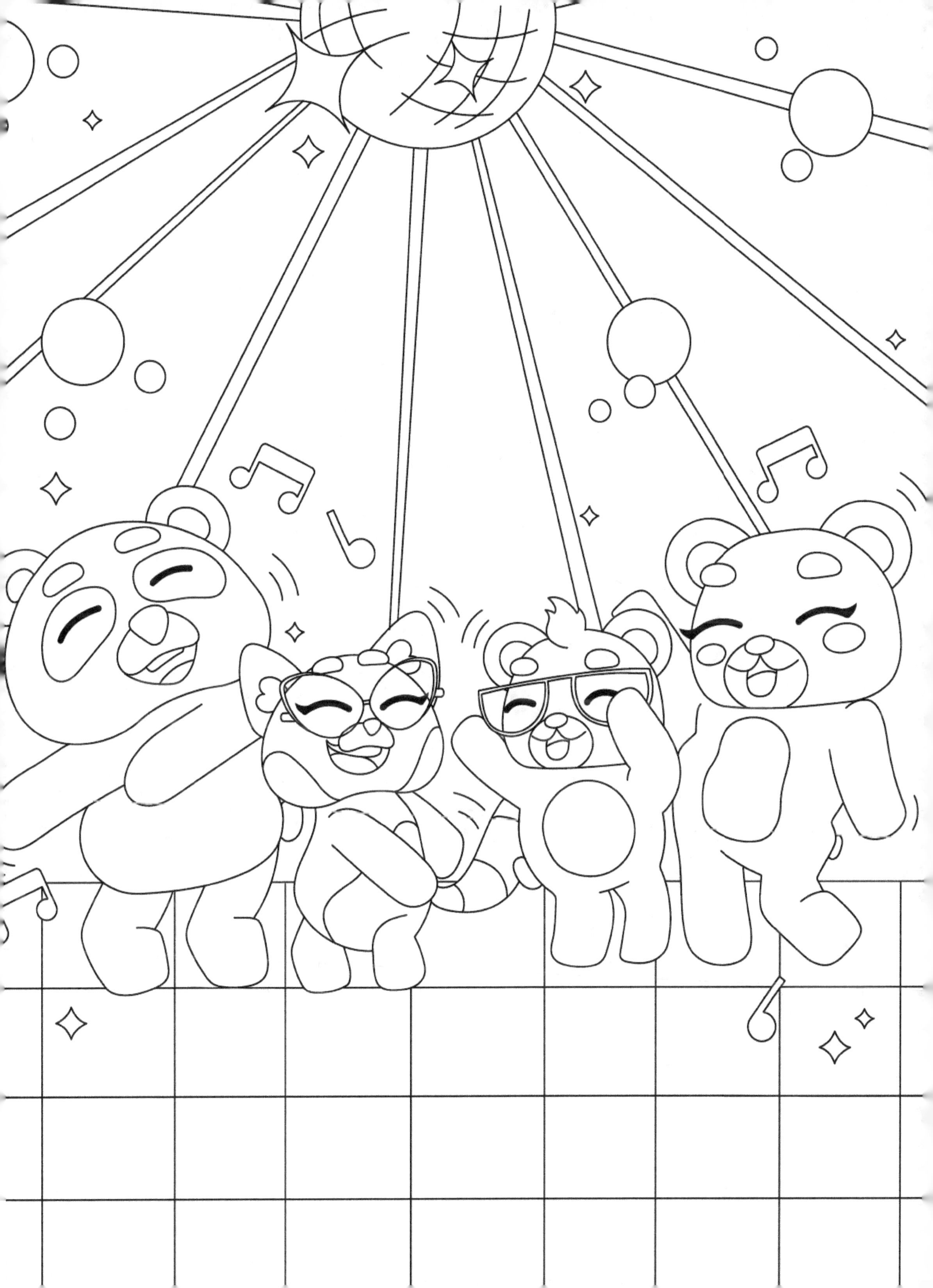

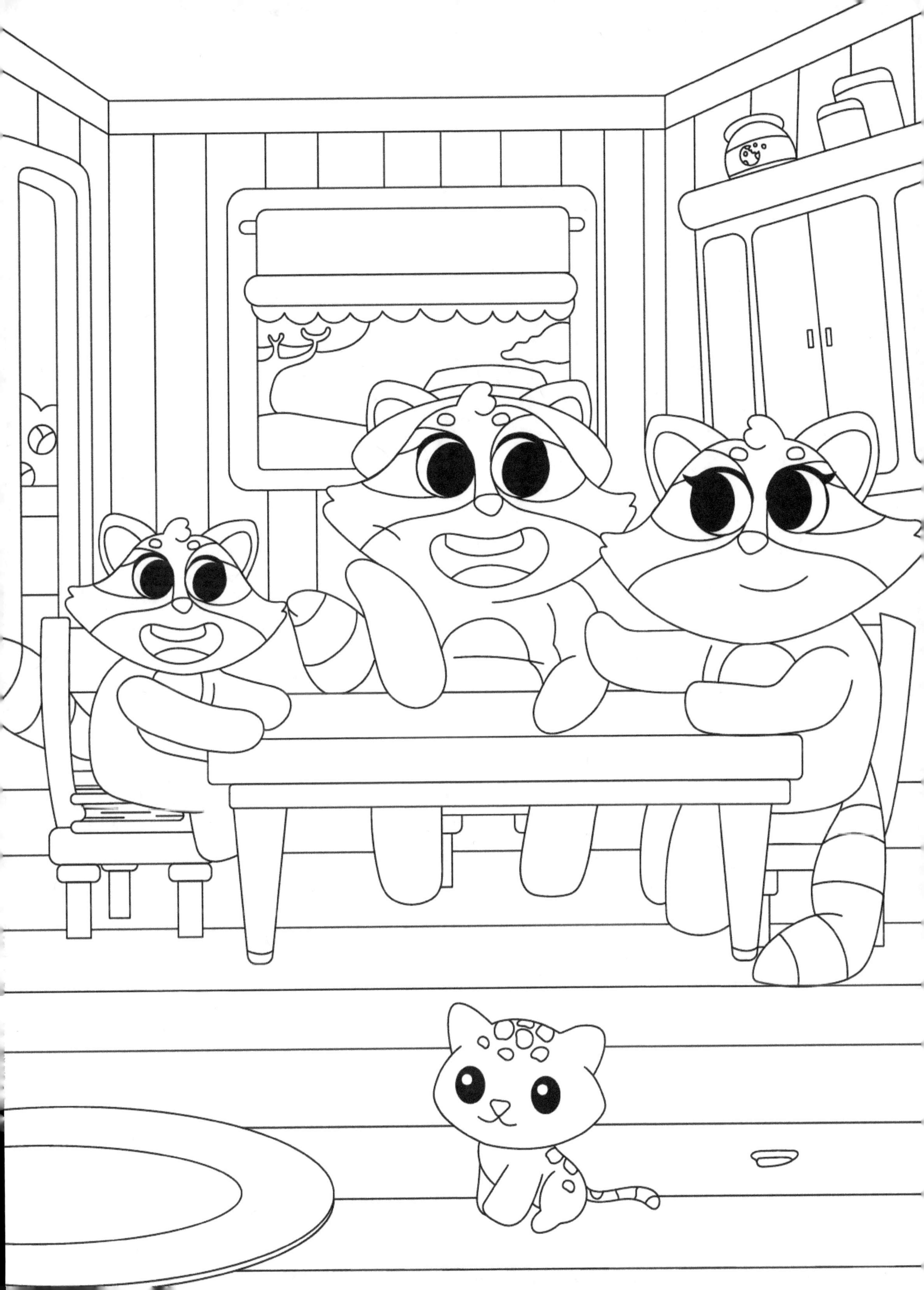

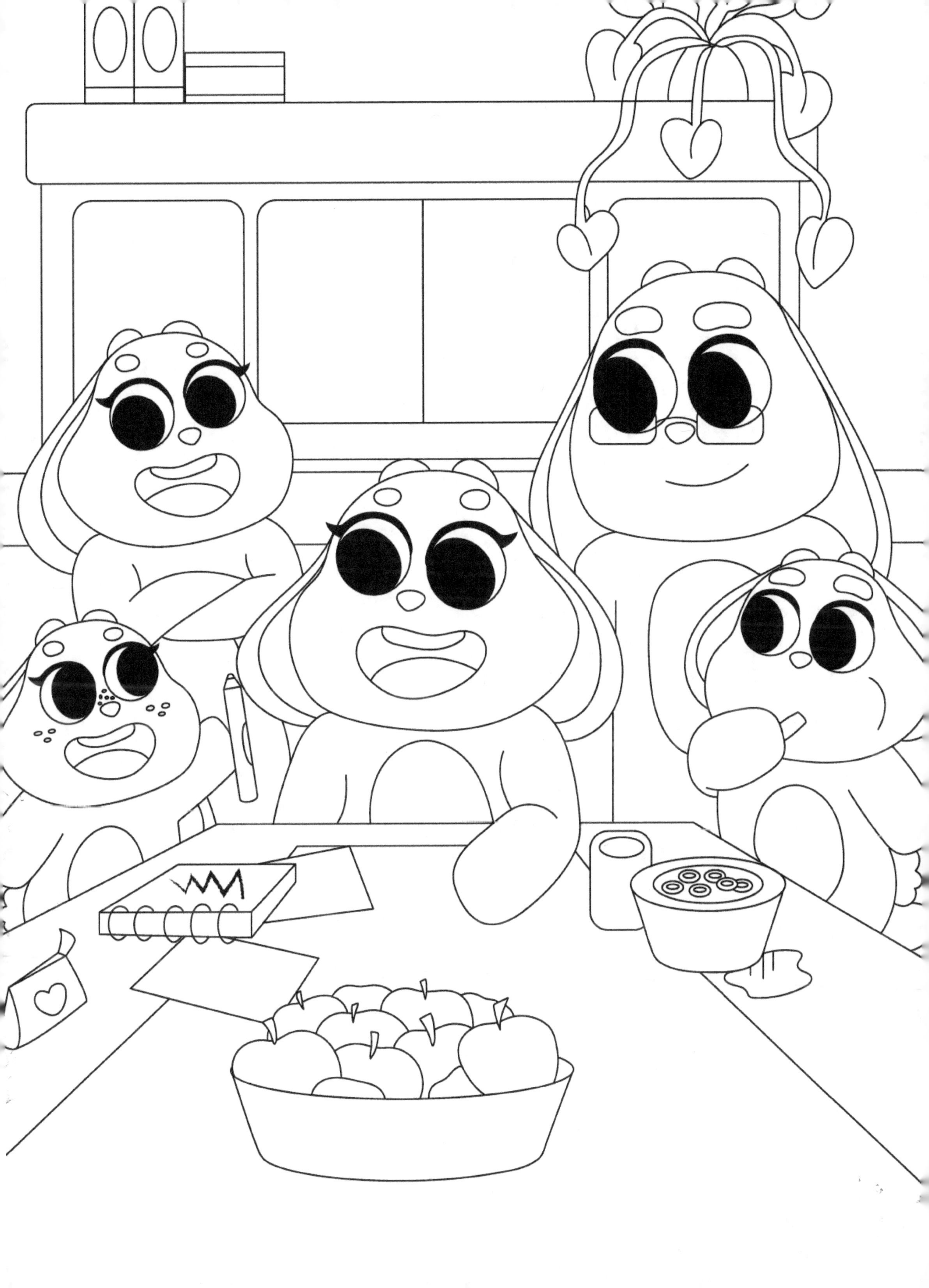

www.ingramcontent.com/pod-product-compliance
Lightning Source LLC
Chambersburg PA
CBHW082219220526
45470CB00010B/3237
* 9 7 9 8 3 2 6 7 4 9 8 0 2 *